Brühe
& mehr

Brühe & mehr

Gesundheit aus dem Suppentopf

Gesunde Grundrezepte für
Brühen aus Knochen, Gemüse
und Meeresfrüchten – und leckere
Gerichte, die man damit kochen kann

Jennifer McGruther

Aus dem Amerikanischen von Linde Wiesner

KNESEBECK

Inhalt

Einführung

Die meisten Wochentage über habe ich in meiner Küche auf einer der hinteren Herdplatten einen emaillierten, gusseisernen Topf stehen, in dem Knochen in Wasser für eine Brühe köcheln. Morgens trinke ich eine Tasse davon, mit etwas Meersalz, gehacktem Knoblauch und frischer Petersilie aufgepeppt. Ich bereite mit dieser Brühe Suppen und Eintöpfe, Jus und Saucen zu – eigentlich ist sie in der einen oder anderen Form ständig auf meinem Küchentisch präsent.

Brühen nähren den Körper und trösten die Seele. Ich erinnere mich daran, dass in meiner Kindheit eine Tasse mit golden schimmernder, reichhaltiger *Hühnerbrühe* oder eine Schüssel *Hühnersuppe* mit Nudeln jede Erkältung lindern konnte. Und daran, wie *Rindfleisch-Gemüse-Suppe* meine Schwester und mich an kalten Wintertagen wärmte. Kaum ein anderes Essen sorgt für derart stärkende und wohltuende Behaglichkeit.

Brühen tauchen bei mir in vielen Erinnerungen auf. Da gab es die üppige *Matzeklößchen-Suppe,* die ich als Kind bei meinen Besuchen in New York feierlich mit meinem Großvater teilte. Meine erste Begegnung mit *Dashi,* einem japanischen Fischsud aus Algen und Bonito-Flocken, hatte ich, als ich mit sechs Jahren mit meiner Familie aus den USA nach Japan gezogen war. Und auf unserem Küchenregal standen jederzeit ein paar rot-weiße Dosen mit *Rindfleisch-Gersten-* oder *Tomatensuppe* bereit.

Brühen, Fonds, Suppen, Eintöpfe und Saucen haben überall auf der Welt ihren festen Platz in klassischen Rezepten. Brühen und Fonds bilden die Grundlage gehobener Kochkunst, sind aber im Grunde genommen einfache Hausmannskost für jeden Tag. Sie versinnbildlichen nicht nur Behaglichkeit, sondern auch das Bedürfnis, möglichst wenig zu verschwenden, um die Bäuche zu füllen. Brühen stillen nicht nur Hunger und löschen Durst, sondern erteilen uns auch Lektionen in Tugenden wie Geduld, Einfachheit und Sparsamkeit.

Geduld

Die Herstellung von Brühe ist eine zeitintensive, aber lohnende Angelegenheit. Heutzutage, wo nahezu alles mit dem Tippen eines Fingers auf dem Display im Nu erhältlich ist, ist Geduld eine Tugend, die geübt werden will. Um die wertvollen Eigenschaften der Zutaten herauszukitzeln (das Aroma, die gelatinereiche Sämigkeit und die Mineralstoffe), muss man eine Brühe mehrere Stunden lang köcheln lassen – kein schnelles 30-Minuten-Gericht also, daher sollte man die Zubereitung entsprechend planen. Sie müssen Ihren Suppentopf nicht ständig mit Argusaugen überwachen, aber es dauert eine Weile, bis die Zutaten ihre Nährstoffe abgeben und das Fleisch in delikater Zartheit vom Knochen fällt.

Einfachheit

Mit wenigen Ausnahmen ist die Herstellung von Brühen und Fonds wunderbar unkompliziert. Jeder, der in der Lage ist, Wasser zu kochen, kann auch eine gute Brühe zubereiten. Für die einfachsten Rezepte benötigt man nur Knochen, Wasser und einen Topf. Interessanterweise waren die leckersten Brühen, Fonds und Bouillons (sowohl fertig gekaufte als auch selbst gemachte), die wir für unseren *Nourished-Kitchen*-Blog getestet haben, nicht etwa jene mit den meisten Kräutern und Gewürzen oder aromatischsten Gemüsesorten – ganz im Gegenteil: Unsere Tester bevorzugten diejenigen Varianten, die nur wenige Zutaten enthielten – Knochen, Wasser und eine Prise Meersalz. Reine, pur schmeckende Brühe ist schon für sich alleine ein Genuss und kann hervorragend an die unterschiedlichsten Gerichte angepasst werden, die man mit ihr zubereitet.

Sparsamkeit

Brühen und Fonds sind äußerst nahrhaft, aber preiswert in der Herstellung. Sie können günstig Suppenknochen bei Bauern, Züchtern sowie Metzgern kaufen, oder aus übrig gebliebenen Brathähnchenknochen und Gemüseabfällen Brühen zaubern, die fast gar nichts kosten. Wenn Sie aus Resten Brühen zubereiten, minimieren Sie zudem Ihren Haushaltsmüll und holen aus kostbaren Lebensmitteln wirklich alle Nährstoffe heraus.

Eine kurze Geschichte der Brühe

Knochenbrühen sind in vielen Kulturen Bestandteil der traditionellen Rezepte. Hühnerbrühen und Fischfonds beispielsweise sind typisch für viele thailändische Gerichte, Brühen aus Rindermark bilden die Grundlage zahlreicher koreanischer Spezialitäten.

Wie Anthropologen herausfanden, stellten die amerikanischen Ureinwohner bereits vor Urzeiten Knochenbrühen her. Sie bestrichen zunächst Körbe mit Lehm, sodass sie wasserdicht wurden. Darin platzierten sie Knochen von Wild und gossen Wasser an. Dann warfen sie im Lagerfeuer erhitzte Steine hinein, die das Wasser zum Sieden brachten.

Wenn Lebensmittel knapp sind, kann sich niemand den Luxus der Verschwendung leisten. Knochen müssen zwar über mehrere Stunden (oder sogar tagelang) in Wasser sieden, bis sie ihre Nährstoffe und Aromen abgeben, aber in vielerlei Hinsicht sind Brühen quasi eine ursprüngliche Form des »Fast Foods«. Im Mittelalter hing in vielen Gasthöfen stets ein Topf Suppe über dem Herdfeuer, zuweilen »Hunter's Pot« (»Jägertopf«) oder »Ewige Suppe« genannt, aus dem den Gästen jederzeit etwas Warmes aufgetischt werden konnte. Der Topf wurde nie ganz leer, denn die Wirte füllten immer wieder neue Zutaten nach - fleischige Knochen, stärkehaltige Rüben, Kräuter, Bier und altbackenes Brot -, sodass sich Reisende immer eine schnelle, sättigende Portion Eintopf in ihre Schüssel schöpfen konnten.

Brühen lieferten vermutlich auch Inspiration für eines der ersten Restaurants in Europa. Das Wort »Restaurant« leitet sich vom französischen »restaurer« ab, was so viel bedeutet wie sich »stärken« oder »erneuern«. Der Legende nach eröffnete ein Wirt namens Boulanger im 18. Jahrhundert in Paris eine Suppenküche, über deren Tür ein Schild in lateinischer Sprache mit der Aufschrift »Kommet her zu mir, alle, die ihr am Magen leidet, und ich will euch stärken« die Gäste begrüßte. Daher wurde seine Suppenküche als »Restaurant« bekannt und bald schon bezeichnete man jedes Lokal, das Mahlzeiten vor Ort zubereitete und an Gäste ausgab, mit dem Begriff. Vermutlich nahm die Restaurantkultur also mit einer guten Brühe ihren Anfang.

Während die Restaurants florierten und die Gasthäuser weiterhin heiße Eintöpfe kochten, fing man in den privaten Haushalten damit an, *Portable Soup* herzustellen - ausgehärtete, glasig schimmernde Brocken aus konzentrierter, getrockneter Brühe (Rezept auf Seite 93). Dieser Her-

stellungsprozess machte die würzige Flüssigkeit haltbar, indem er ihr möglichst viel Wasser entzog und sie als Suppen-Extrakt in Würfelform konservierte – so kam es zu einem der ersten Convenience-Produkte für unterwegs. Reisende konnten dank der »tragbaren Suppe« ihre Mägen mit hochwertigen Nährstoffen füllen, wann immer »richtiges« Essen knapp war. Auf ihrer Expedition in den Westen Amerikas beispielsweise hatten die Forschungsreisenden Lewis und Clark an die 200 Pfund »Portable Soup« dabei – als Proviant und zugleich als Tauschwährung.

Die industrielle Revolution hatte die Fabrikfertigung profitabel gemacht und ermöglichte es geschäftstüchtigen Unternehmern im 19. Jahrhundert, Fertignahrung in Großmengen zu produzieren. Bislang war die Herstellung von Suppenextrakt ein arbeitsintensiver Prozess gewesen, bei dem die Köchinnen und Köche viel Zeit investieren mussten: Zuerst hackten sie große Knochen in kleinere Stücke, die in ihre Kochtöpfe passten. Dann mussten sie die Knochen köcheln lassen, die Brühe entfetten und einreduzieren, bis eine dicke, geleeartige Masse entstand, die getrocknet und in Form von Würfeln oder bröseligen Scheiben aufbewahrt werden konnte. Aber nun machte die schnelle industrielle Massenfertigung die mühsame Herstellung von Brühwürfeln in privaten Haushalten unnötig. Anfang des 20. Jahrhunderts, als es gelang, die Aminosäure Glutamin zu isolieren und schließlich Mononatriumglutamat als Geschmacksverstärker herzustellen, ersetzten bald pulverige Bouillonwürfel die gelatinereiche Portable Soup. Die Konsumenten erleichterten sich die Arbeit in der Küche und würzten ihre Suppen und Eintöpfe nun mit industriell hergestellten Brühwürfeln.

Glutamin, Glutamat & MNG

Dem deutschen Agrikulturchemiker Heinrich Ritthausen gelang es 1866 erstmals, Glutaminsäure durch Aufschlüsselung mit Schwefelsäure aus Weizengluten zu isolieren. Gut 40 Jahre später entwickelte der japanische Chemieprofessor Ikeda Kikunae eine Methode zur Herstellung kristallinen Mononatriumglutamats aus Kombu, einem Seetang, der dem japanischen Fischsud *Dashi* (Rezept auf Seite 39) seinen intensiven Geschmack verleiht. Kikunae nannte diese spezielle Geschmacksrichtung, die weder als süß noch als salzig, bitter oder sauer bezeichnet werden kann, »umami«, was so viel wie »fleischig« oder »herzhaft« bedeutet. Später ließ er sich die Komponenten seines Natriumsalzes (auch »MNG« genannt) patentieren, das von nun an weltweit als Geschmacksverstärker Verwendung fand.

Hersteller von Fertiggerichten reichern häufig – aber nicht immer – Brühwürfel und Fonds mit MNG an, um das Aroma zu intensivieren und den pikanten Umami-Geschmack hausgemachter Brühen zu imitieren. Brühen sind reich an natürlicher Glutaminsäure. Manche Menschen vertragen MNG nicht gut und reagieren selbst auf natürliches Glutamin empfindlich. Dabei ist die Aminosäure aber für diverse Vorgänge im menschlichen Organismus wichtig, im Besonderen für Gehirnaktivität und Verdauung. Neue Studien zu Darmgesundheit und Aminosäuren weisen darauf hin, dass Glutamin dazu beiträgt, die Darmpermeabilität zu mindern und die Struktur der Darmschleimhaut zu stärken. Dies könnte eine Erklärung dafür sein, warum Knochenbrühen in der Volksmedizin seit jeher als gut bekömmlich gelten und all jenen empfohlen werden, die sich von einer Krankheit erholen wollen. In Versuchen mit Mäusen fand man heraus, dass die Supplementation mit Glutamin dabei half, Entzündungsindikatoren zu reduzieren.

Kollagen & Gelatine

Wer Bratensäfte über Nacht auf der Anrichte oder im Kühlschrank stehen lässt, wird feststellen, dass die würzige Flüssigkeit nach dem Abkühlen geleeartig und fest wird. Erhitzt man nämlich kollagenreiche Fleisch- und Knochenstücke mit Wasser, verwandelt sich das Kollagen in Gelatine. Sie ist es, die der Brühe ihre seidig weiche Textur verleiht, solange sie warm ist, und die typische elastische, gallertartige Konsistenz, wenn sie erkaltet. Gelatine enthält eine Vielzahl bioaktiver Aminosäuren und trägt als »Eiweiß-Sparer« dazu bei, aufgenommene Nährstoffe besser zu verwerten. Glycin und Prolin, die einen Großteil des Aminosäurengehalts von Gelatine ausmachen, wirken außerdem entzündungshemmend und es gibt Hinweise darauf, dass sie Alterserscheinungen mindern.

Eine kulinarische Tradition

Brühen sind aus der internationalen Küche nicht wegzudenken und bilden die Basis unterschiedlichster Gerichte wie Suppen, Eintöpfe, Saucen und Sülzen. Wenn Sie einige der in diesem Buch vorgestellten Basisbrühen stets vorrätig haben, können Sie damit im Handumdrehen gesunde Mahlzeiten ganz ohne Fertigprodukte zubereiten. Indem Sie Brühen selbst herstellen, handeln Sie ganz nach der Devise einer lang bewährten Tradition, die die Menschheit seit Generationen nährt, sättigt und gesund erhält. Brühen sind eine einfache, aber wirkungsvolle Form der Kochkultur.

Kapitel I

Gutes aus dem Suppentopf

Brühen und Fonds bilden das Fundament meiner Küche, und ich habe nach Möglichkeit immer welche vorrätig.

Für die Zubereitung gebe ich zunächst Knochen oder Fleisch sowie Wasser und Wein in einen Topf, manchmal füge ich auch noch Kräuter, aromatisches Gemüse und Gewürze hinzu. Dann darf alles mehrere Stunden lang auf dem Herd bei geringer Hitze leise blubbernd vor sich hin köcheln. Das Resultat ist eine wunderbare, intensiv hellgelbe bis kaffeebraune Flüssigkeit, die ich dann durch ein Sieb abgieße, um feste Teile herauszufiltern.

Diese eiweiß- und mineralstoffreiche Brühe findet Eingang in viele Gerichte, die ich zu Hause zubereite – darunter Suppen und Eintöpfe, Saucen und Jus, Risottos, Pilaws und vieles mehr. Sie gibt Mahlzeiten einen nahrhaften Kick und verleiht ihnen ihren herzhaften, aber dennoch unaufdringlichen Geschmack. Ich trinke die heiße Brühe gern auch morgens an kalten Wintertagen; und wenn mein kleiner Sohn eine Erkältung ausbrütet, serviere ich ihm das leckere Hausmittel mit ein paar Nudeln.

Die unterschiedlichen Brühearten

Fleischbrühen, Fonds und Knochenbrühen, die ja alle auf ähnlichen Zutaten basieren, haben viel gemeinsam. Als aromatische Flüssigkeiten bilden sie die Basis für Suppen, Eintöpfe, Saucen und vieles mehr. Sie dienen als Schmorflüssigkeiten für Fleisch oder Gemüse, aber sind auch pur als eigenständiges Gericht ein Genuss. Beim Kochen können Sie Fleischbrühen, Fonds oder Knochenbrühen verwenden, ohne große (wenn überhaupt merkliche) Unterschiede im fertigen Gericht herauszuschmecken. Es gibt durchaus bedeutende, wenn auch subtile Differenzierungen zwischen den Termini, aber ich verwende in diesem Buch »Brühe« als Oberbegriff.

Fleischbrühe

In ihrer einfachsten Form ist Fleischbrühe die Flüssigkeit, die entsteht, wenn Fleisch in Wasser gekocht oder geschmort wird. Fleischbrühe wird hauptsächlich aus Wasser, Fleisch und optional ein paar Gemüsestücken und Kräutern zubereitet. Sie ist, verglichen mit Fonds und Knochenbrühen, dünnflüssiger sowie weniger geschmacksintensiv und benötigt weniger Zeit zum Kochen (nur 1–2 Stunden). Geschmacklich steht das Fleisch im Vordergrund, und sie eignet sich gut als Basis für einfache Suppen oder zum Pur-Schlürfen.

In der Volksmedizin verabreichte man Fleischbrühen seit jeher den Genesenden, Kranken und Geschwächten. Als Hausmittel halfen sie jungen Müttern nach der Geburt, Babys nach dem Abstillen, älteren Personen, die feste Nahrung schlecht kauen konnten, sowie jedem, der sich von einer Krankheit erholen musste und dessen Gesundheit leicht verdauliches, aber nährstoffreiches Essen erforderlich machte.

Immer wenn feste Nahrung und üppige Mahlzeiten nicht erwünscht sind, stellen Brühen wohltuende und bekömmliche Alternativen dar. Für all diese heilsamen Rezepte muss das Fleisch sanft geköchelt und immer wieder der Schaum an der Oberfläche abgeschöpft werden. Die fertige Brühe verabreicht man dann in Tassen, mit einer Prise Salz gewürzt. Wenn sich das kranke Familienmitglied etwas erholt hat, kann man zusätzlich gehacktes Fleisch, Kräuter, Gerste oder anderes Getreide mitgaren, bis der Patient schließlich auch wieder feste Nahrung zu sich nehmen kann.

Fond

Während Fleisch die Basis für einfache Fleischbrühen bildet, sind Knochen das Fundament für Fonds, wodurch eine Unterscheidung zwischen Fonds und Knochenbrühen im kulinarischen Sinn nahezu unmöglich ist. Knochen, Knorpel und alles Bindegewebe, das daran haftet, werden in einen Topf voll Wasser gegeben und köcheln mehrere Stunden lang vor sich hin, sodass das herausgelöste Kollagen in Fonds für eine üppige, seidig weiche Konsistenz sorgt, die Fleischbrühen nicht haben. Gemüse, Kräuter und Gewürze können Fonds ebenso bereichern wie Brühen und ihnen das gewünschte Aroma verleihen. Während Brühen häufig pur geschlürft oder mit Fleisch, Kräutern, Gemüse und Getreide angereichert als dünne, klare Suppen verspeist werden, fungieren Fonds als Grundlage für vielerlei Gerichte: als Flüssigkeit, in der Fleisch oder Gemüse geschmort wird, oder als Basis für Saucen, Jus, herzhafte Suppen und Eintöpfe.

Die Zubereitung von Fonds dauert um einiges länger als die von Fleisch-brühen. Als Daumenregel gilt: Hühner- und andere Geflügelfonds lässt man 3–4 Stunden köcheln, Fonds aus Rinder-, Schweine- oder Lammknochen sogar 6–10 Stunden bzw. so lange, bis der Fond einen intensiven Geschmack und eine seidige Konsistenz hat.

Köche unterscheiden darüber hinaus noch zwischen »weißen Fonds« (aus rohen Knochen) und »braunen Fonds« (aus gerösteten Knochen). Geröstete Knochen verleihen braunen Fonds und Knochenbrühen sanfte bis geschmacksintensive Karamell- und Röstaromen, während weiße Fonds leichter und weniger komplex schmecken.

Knochenbrühe

Wie der Name schon sagt, bilden bei Knochenbrühen Tierknochen die Basis. Wenn sie also mit denselben Grundzutaten hergestellt werden wie Fonds, fragen Sie sich jetzt sicher, worin genau der Unterschied besteht: Während Fonds bereits mehrere Stunden lang köcheln müssen, bis sie ihren intensiven Geschmack entwickeln, simmern Knochenbrühen noch viel länger vor sich hin: oftmals einen halben bis zu zwei ganze Tage – beziehungsweise so lange, bis die Knochen so mürbe sind, dass man sie zwischen Daumen und Zeigefinger zerkrümeln kann. Durch die lange Kochzeit bildet sich eine sehr geschmacksintensive Brühe, und es werden aus Knochen und Bindegewebe so viel Gelatine und Mineralstoffe wie nur möglich herausgelöst. Die gehaltvolle Knochenbrühe können Sie wie

Fleischbrühe oder Fond als Basis für Suppen und Eintöpfe oder aber zum Schmoren von Fleisch oder Gemüse, als Zutat für Pilaws und Risotto sowie für Saucen und Jus verwenden. Sie können Sie aber natürlich auch pur genießen.

Lange gekochte Knochenbrühen spielen weltweit in vielen kulinarischen Traditionen eine Rolle. Dank dieser Kochtechnik können nicht nur Küchenabfälle vermieden und alle Teile der Schlachttiere verwertet werden (in mageren Zeiten eine hervorragende Taktik), sondern auch die Nährstoffe (wie beispielsweise Eiweiß) optimal nutzbar gemacht werden. Außerdem war die nahrhafte Flüssigkeit in früheren Zeiten, als Wasser noch nicht sauber aus der Leitung kam, ein beliebtes, weil hygienisch unbedenkliches Getränk.

Die richtigen Knochen auswählen

Bei der Herstellung von Fonds und Knochenbrühen ist das Ziel ein intensiver, reichhaltiger Geschmack und eine üppige, seidige Konsistenz. Für die sämige Textur ist Gelatine verantwortlich, die entsteht, wenn sich Kollagen aus Knorpeln und Bindegewebe in der Kochflüssigkeit löst.

Bei der Auswahl von Knochen sollten Sie beachten, dass jene mit dem größten Bindegewebsanteil und den meisten Knorpeln die beste Brühe ergeben: sämig in der Textur und reich an Proteinen.

Wenn Tiere älter werden, verlieren sie Knorpelgewebe, sodass Brühen und Fonds aus den Knochen jüngerer Tiere normalerweise stärker und schneller gelieren. Der Geschmack sowohl im Fleisch als auch in den Knochen wird allerdings intensiver, je älter die Tiere wurden und je mehr sie sich bewegen durften – die Knochen älterer Tiere sorgen also für besonders aromatische Brühen.

Knochen mit viel Knorpelgewebe wie bei Gelenken und Füßen verleihen Knochenbrühen und Fonds Volumen; Hals- und Markknochen sorgen für Geschmack und Fülle. Gibt man sie bunt gemischt in den Kochtopf, erhält man Fonds und Knochenbrühen mit wunderbar seidiger Konsistenz und besonders gutem Geschmack. Sorgen Sie bei der Herstellung also nach Möglichkeit für ein Gleichgewicht und verwenden Sie eine Mischung aus markhaltigen, knorpelreichen sowie fleischigen Knochen.

Geflügelknochen

Karkassen von Hühnchen, Truthahn und anderem Geflügel ergeben wunderbare Brühen. Wenn Sie also sonntags ein Brathähnchen oder an Weihnachten einen Truthahnbraten auftischen, heben Sie die Knochen für eine Brühe auf. Das Vogelgerippe enthält Fleischreste, markreiche Knochen (wie die Beine) und knorpelreiche Teile (wie das Brustbein). Gibt man zusammen mit den Knochen ein paar sauber geputzte und getrimmte Hähnchen- oder Truthahnfüße in den Topf (Anleitung auf Seite 31), erhält man eine besonders gehaltvolle, gelatinereiche Brühe. Nach Belieben können Sie auch küchenfertig gesäuberte Hühnerköpfe mit in den Suppentopf geben, die ebenfalls für Textur sorgen, weil der Kamm der Vögel eine ergiebige Kollagenquelle ist. Wenn Sie allerdings nicht selber schlachten, werden Sie solche Teile nicht überall erhalten. Da beim Metzger hauptsächlich nur Brüste, Schenkel und Keulen verkauft werden, können Sie andere Stücke (wie Hinterteile und Hälse von Hühnern) auf Nachfrage aber oft zu sehr günstigem Preis bekommen. Braten Sie sie an und verwenden Sie sie für Ihre Brühe.

Rinder-, Kalbs-, Lamm- und Schweineknochen

Aus den Knochen von wiederkäuenden Nutztieren und Schweinen gewinnt man kräftige Brühen, die gut zu intensiven, erdigen und herzhaften Geschmacksträgern wie Rüben und anderem Wurzelgemüse sowie zu Tomaten, Bohnen und Schälerbsen passen. Wenn Sie Fonds oder Brühen aus Rinder-, Lamm- oder Schweineknochen herstellen, sollten Sie unterschiedliche Knochenarten verwenden. Gehaltvolle Halsknochen verleihen der Flüssigkeit einen intensiven Geschmack. Mittelfußknochen und Ochsenschwänze sind reich an Bindegewebe und eiweißreicher Gelatine, während Markknochen für Geschmack sorgen und Fett abgeben, das man abschöpfen kann, um damit Kartoffeln oder Gemüse anzubraten.

Wenn ich Zutaten für eine Knochenbrühe kaufe, wähle ich möglichst verschiedene Knochen und kombiniere sie mit fleischigen Schlachtteilen. Normalerweise nehme ich ein paar Hals- und Rippenknochen sowie Schweinshachsen. Schweineohren und -füße enthalten Bindegewebe und Knorpel, die der Brühe Volumen geben. Gepökelte und geräucherte Schweinshachsen ergeben in Kombination mit neutralen Zutaten wie etwa Bohnen oder Linsen ebenfalls leckere Suppen, sind aber alleine zu geschmacksintensiv und sollten mit Hülsenfrüchten ausgeglichen werden.

Clever einkaufen

Im Supermarkt werden Sie ungewöhnlichere Stücke wie Schweineohren, Rindermittelfußknochen, Kalbsknöchel, Lammhalsknochen oder Hühnerhälse vermutlich selten finden – aber das sollte Sie nicht davon abhalten, schmackhafte Brühen und Fonds herzustellen. Verwenden Sie einfach die Teile, die Sie bekommen, bis Sie eine bessere Bezugsquelle gefunden haben. Häufig findet man Suppenknochen in der Gefriertruhe von Supermärkten, und falls Sie dort nicht fündig werden, fragen Sie in der Fleischabteilung nach. In einigen Metzgereien werden nach wie vor die Schlachttiere vor Ort zerteilt, und wer nachhakt, hat die Chance, hier preiswert Suppenknochen zu bekommen.

Viele internationale Läden führen auch exotischere Stücke wie Hühnerfüße oder -köpfe. Und auf Bauernmärkten sowie in Hofläden können Sie oftmals regelrechte Schnäppchen machen, wenn Sie gezielt nach Suppenknochen fragen. Bitten Sie den Händler einfach bei Gelegenheit darum, Ihnen bei der nächsten Schlachtung einige Knochen und Teile aufzuheben, die nicht unbedingt für den Verkauf bestimmt sind: Füße, Gelenke, Mittelfußknochen, Hälse und Markknochen. Wenn Sie diese Stücke einzeln benennen und nicht nur den Oberbegriff »Suppenknochen« verwenden, stellen Sie sicher, dass eine bunte Mischung von Knochen in Ihrem Suppentopf landet.

Durch Säurezugabe den Nährstoffgehalt steigern

Etwas Säurehaltiges wie Wein oder Essig sorgt in Fonds und Brühen nicht nur für mehr Geschmack, sondern unterstützt auch die Freisetzung von Nährstoffen. Knochen sind zwar reich an Mineralstoffen, aber nicht alle Knochenbrühen sind automatisch auch gute Mikronährstoffquellen, obwohl sie natürlich allein schon aufgrund des Wasseranteils Kalzium, Magnesium und Kalium enthalten. Gibt man Essig oder Wein ins Kochwasser, werden die Nährstoffe aus den Knochen viel besser freigesetzt.

Ich bevorzuge Wein – hauptsächlich wegen des Geschmacks. Jedes Mal, wenn ich eine Knochenbrühe zubereite, gieße ich ein Glas Wein in den Topf, und ein weiteres genieße ich so. Für Hühnerfonds und -brühen verwende ich meist trockenen Weißwein und für Rinderfonds und -knochenbrühen Rotwein wie Merlot oder Cabernet Sauvignon.

Geeignetes (und weniger geeignetes) Suppengemüse

Gemüse bringt Aroma und Fülle in den Suppentopf. Der jeweilige Geschmack dient als Basisnote, auf die Sie die mittleren und vordergründigen Komponenten Ihres Gerichts aufbauen können. Achten Sie also darauf, Ihre Brühe nicht mit Aromen zu versehen, die zum fertigen Gericht nicht passen.

Die Fonds und Brühen in diesem Buch – mit Ausnahme der Gemüsebrühen – sind wunderbar pur und enthalten kaum mehr als Knochen, Wasser und etwas Wein. Das erlaubt Ihnen, sie später individuell zu würzen, damit sie als Basis das jeweilige Gericht aufwerten und nicht etwa beeinträchtigen.

Häufig passen die Abschnitte des Gemüses, das Sie gerade fürs Abendessen oder für eine Suppe vorbereiten, wunderbar in Ihre Brühe. Falls Sie also mit Karotten kochen, verwenden Sie die Enden und Schalen für Ihre Brühe – so verwerten Sie das Gemüse komplett. Die festen, faserigen Stiele von Brokkoli aromatisieren die Basis für eine Brokkolisuppe, und ein Stückchen Ingwer oder die äußeren Schichten einer Zwiebel können in einer Brühe für *Kürbis-Curry-Suppe* wahre Wunder bewirken.

Gemüse sorgt in Brühen und Fonds nicht nur für mehr Geschmack, sondern verbessert auch die Verwertbarkeit der in ihnen enthaltenen Nährstoffe. Weil Gemüse beim Köcheln aber schnell seinen Geschmack abgibt, sollte man es viel später als die Knochen hinzufügen, die für die Freisetzung ihrer Inhaltsstoffe mehr Zeit benötigen. Geben Sie das Gemüse zu früh in den Topf, könnte dies das Endergebnis zu kräftig oder süßlich machen.

Ein paar Gemüsesorten sollten Sie beim Brühekochen generell lieber meiden: Kohl (außer Brokkoli für Brokkolisuppe) wie Rosenkohl und Weißkohl kann Fonds und Brühen eine bittere Note verleihen, vor allem bei längerem Kochen. Rüben und anderes Wurzelgemüse können in Brühen leicht zu erdig schmecken, und ihre Kohlenhydrate spalten sich bei längerem Erhitzen auf, wodurch die Brühe zu süß geraten kann.

Kräuter & Gewürze

Wie Gemüse können Kräuter und Gewürze den Geschmack einer Brühe oder eines Fonds wunderbar abrunden. Ich verwende in vielen meiner Rezepte ganze Pfefferkörner, Lorbeerblätter, Thymian und Petersilie; für asiatisch angehauchte Fonds arbeite ich auch mal mit einer Mischung aus Ingwer, Zitronengras und Chilischoten. Schon kleine Mengen an Kräutern und Gewürzen können einiges bewirken, zu viel davon kann den Geschmack einer Brühe jedoch schnell überlagern – vor allem bei langem Kochen. Wenn Sie Ihre Brühen und Fonds für verschiedenste Gerichte mit unterschiedlichen Geschmacksprofilen verwenden wollen, sollten Sie die Basisbrühe nur aus Knochen, Wasser und wenig anderem zubereiten und stattdessen die Mahlzeit gezielt würzen, damit das Resultat optimal schmeckt.

Küchenequipment

Im Grunde ist die Produktion von Brühen einfach, und das gilt auch für die benötigten Utensilien. Prinzipiell genügt ein Suppentopf, aber je nach Budget und Vorlieben könnten Sie noch in einen Schmortopf, eine hochwandige Sauteuse, ein Sieb, einen Schongarer oder einen Dampfdrucktopf investieren.

Suppentopf

Suppentöpfe sind höher als breit, ihre Wände sind gerade und sie haben einen flachen Boden. So geht beim Köcheln weniger Flüssigkeit durch Verdampfen verloren als in einem breiteren Topf. Der Suppentopf muss groß genug sein, um größere Mengen an Knochen aufzunehmen, darunter auch lange Markknochen und unförmige Knorpelverbindungen. Suppentöpfe gibt es mit Fassungsvermögen von 4–22 Litern. Wenn Sie ein begeisterter Koch sind und über ausreichend Stauraum verfügen, können Sie sich Töpfe in den unterschiedlichsten Größen zulegen, ein 4-Liter-Topf genügt aber fürs Erste.

Schmortopf

Ein Schmortopf ist ein gedrungener, dickwandiger Topf (meist aus Gusseisen oder emailliertem Gusseisen), den man aufgrund seiner ofenfesten Beschaffenheit direkt vom Herd ins Backrohr geben kann. Schmortöpfe haben nicht das Fassungsvermögen großer Suppentöpfe, sind aber gute Allzwecktöpfe für Brühen, Eintöpfe, Braten und Gerichte, die im eigenen Saft schmoren. Ich selbst habe einen emaillierten gusseisernen Schmortopf mit 6 Litern Fassungsvermögen für Schmorbraten und Suppen.

Feinmaschiges Sieb

Sind die Knochen erst mal bis an den Rand des Zerfallens mürbe gekocht, ist es an der Zeit, sie aus der Brühe zu filtern. Das beste Hilfsmittel hierfür ist ein Küchensieb. Feinmaschige Siebe können kleinere Knochenstücke und Rückstände besser auffangen als Siebe mit größeren Löchern.

Einmachtrichter

Ein Einmachtrichter mit großer Öffnung ist nützlich, um Brühe aus dem Topf in Einmachgläser oder einen hitzebeständigen Krug umzugießen – es geht leichter von der Hand und man verschüttet weniger. Setzten Sie den Trichter in ein Einmachglas und positionieren Sie ein Sieb über dem Trichter. Gießen Sie die Brühe durch das Sieb in das Glas und bewahren Sie sie bis zur Verwendung im Kühlschrank auf.

Baumwollsäckchen

In einen Beutel aus feinmaschiger Bio-Baumwolle können Sie nach Belieben Gewürze oder sogar sämtliche Zutaten füllen: Knochen, Hühnerkarkassen, Gemüse und Kräuter. Geben Sie das gefüllte Baumwollsäckchen in den Topf, bedecken Sie es mit Wasser und stellen Sie den Topf auf den Herd. Nach dem Ende der Kochzeit nehmen Sie einfach das Säckchen aus der Brühe und werfen den Inhalt weg, fertig – Filtern durch ein Sieb ist bei dieser Methode nicht mehr nötig.

Hochwandige Sauteuse (oder Spezialtopf) zum Reduzieren

Zum Reduzieren von Fonds und Brühen zu sämigen, üppigen Saucen ist eine tiefe Sauteuse mit geraden Seiten (oder ein spezieller Saucentopf) hilfreich. Im Gegensatz zum hohen, schmalen Suppentopf, der das Verdampfen verringert, verflüchtigt sich im breiten, niedrigeren Saucentopf die Flüssigkeit schnell, wodurch der Fond schneller eindickt.

Schaumkelle

Beim Kochen von Brühen und Fonds steigen Eiweiß und Fett an die Oberfläche und bilden einen grau-weißlichen Schaum. Dieser Schaum ist zwar keineswegs schädlich, kann aber den Fond trübe und dadurch weniger appetitlich machen. Sie können den Schaum mit einer Schaumkelle (eine flache Kelle mit Löchern) abschöpfen. Aufgrund ihrer flachen, breiten Oberfläche erwischt man damit sämtlichen Schaum, ohne zu viel – falls überhaupt etwas – von der wertvollen Brühe darunter auszuschöpfen.

Pürierstab

Viele Suppen profitieren vom Pürieren, das grobe Stücke zerkleinert und alles samtig und cremig macht. Hierfür verwende ich am liebsten einen Pürierstab, auch Stabmixer genannt. Das längliche Gerät besteht aus zwei Teilen: dem Griff, in dem auch der Motor untergebracht ist, und dem Mixfuß. Hält man diesen in den Suppentopf, mixt und püriert er den Inhalt.

Alternative Zubereitungsmethoden

Brühen und Fonds im Topf auf dem Herd zu kochen, ist einfach – man kann sie aber auch im Dampfdrucktopf, im Schongarer oder im Backofen zubereiten. Sowohl Dampfdrucktopf als auch Schongarer machen es überflüssig, den Flüssigkeitsspiegel im Topf zu überwachen und den Schaum an der Oberfläche abzuschöpfen.

Dampfdrucktopf

Mit dem Dampfdrucktopf verkürzt sich der auf dem Herd lange dauernde Kochprozess um etwa ein Viertel. Haben Sie Knochen, Gemüse oder Kräuter nach Belieben eingefüllt und mit Flüssigkeit bedeckt, garen Sie das Ganze im Dampfdrucktopf in etwa 4 Stunden.

Schongarer (Slow cooker)

Ähnlich wie ein Kochtopf auf der Herdplatte bei geringer Hitze hält der Schongarer eine konstante niedrige Temperatur – mit dem zusätzlichen Vorteil, dass man den Kochvorgang relativ wenig überwachen muss. Geben Sie die Zutaten in den Schongarer, gießen Sie Wasser an und garen Sie das Ganze 24 Stunden lang auf niedriger Stufe. Dann filtern Sie die Brühe durch ein Sieb und verwenden Sie sie nach Belieben.

Backrohr

Die Fonds- und Brühenzubereitung im Backofen ist einfach und wenig arbeitsaufwendig. Hierbei wird eine niedrige, gleichmäßige Temperatur gehalten, sodass die Brühe sanft vor sich hin köchelt, bis die Knochen mürbe werden und Gelatine sowie Mineralstoffe freisetzen. Geben Sie die Zutaten in einen Schmortopf, bedecken Sie sie mit Wasser und bringen Sie das Ganze auf dem Herd bei mittlerer bis hoher Hitze zum Köcheln. Schalten Sie den Herd ab und stellen Sie den Topf, teilweise bedeckt, in den Backofen. Schalten Sie den Ofen auf 90 °C und garen Sie die Brühe 12-24 Stunden lang.

Brühe lagern & haltbar machen

Ich brauche zwar alle meine Brühen und Fonds meist innerhalb von 1–2 Tagen auf, aber es ist dennoch ratsam, ein paar Rationen auf Lager zu haben. Meine Lieblingsmethode, um sie haltbar zu machen, ist das **Reduzieren** (siehe Punkt 1), weil dadurch der Geschmack konzentriert wird und sie im Kühlschrank wenig Platz benötigen. Wenn ich sie dann verwenden möchte, muss ich nur etwas von dem zarten Gelee in einen Topf löffeln, mit Wasser aufgießen und erwärmen.

Brühen und Fonds kann man auch gut durch **Tiefkühlen** (siehe Punkt 2) haltbar machen. Frieren Sie sie in Eiswürfelbehältern ein und entnehmen Sie sie nach Bedarf portionsweise.

Wenn Sie wenig Platz im Tiefkühlgerät und etwas Zeit zum Experimentieren haben, können Sie Brühen und Fonds auch durch **Dehydrieren** (siehe Punkt 3) konservieren. Reduzieren Sie die Flüssigkeit hierfür zunächst und trocknen Sie sie dann im Dehydrator zu festen, glasigen Platten, die Sie in Stücke brechen oder zu Pulver zerreiben. In etwas Wasser kann man sie dann bei Bedarf wieder auflösen.

Eine der besten Arten, um große Mengen selbst gemachter Brühen und Fonds zu konservieren, ist das (in den USA gängige, bei uns noch eher unbekannte) »**Pressure Canning**« (siehe Punkt 4), wodurch sie mehrere Jahre bei Raumtemperatur gelagert werden können.

1. Reduzieren

Um Brühen oder Fonds einzukochen, gießen Sie sie in einen breiten, niedrigen Topf wie etwa eine Sauteuse. Lassen Sie die Flüssigkeit bei mittlerer bis niedriger Hitze köcheln, sodass sie kaum Blasen wirft, und lassen Sie sie einreduzieren, bis sie konzentriert und zähflüssig wie Sirup ist.

Die Dauer des Reduzierens hängt von drei Faktoren ab: der anfänglichen Flüssigkeitsmenge, dem Topf und der gewünschten Konsistenz. In einem breiten, niedrigen Topf geht es schneller, weil die größere Oberfläche die Verdampfung beschleunigt. Sie können die Flüssigkeit auf die Hälfte einkochen, bis sie noch dünnflüssig, aber sirupartig ist; noch länger, bis sie zähflüssig und klebrig ist wie Fleischextrakt; oder so lange, bis sie fast gummiartig fest ist wie *Portable Soup* (Rezept auf Seite 93), die Brühwürfelmasse aus früheren Zeiten. In einem luftdicht verschlossenen Gefäß hält sich die Brühe so bis zu drei Wochen, im Tiefkühlgerät bis zu sechs Monate.

2. Tiefkühlen

Praktisch, vor allem wenn man nur jeweils eine kleine Menge benötigt, ist das Einfrieren von Brühen und Fonds in Eiswürfelbehältern. Gießen Sie die zimmerwarme Flüssigkeit in die Vertiefungen und lassen Sie sie gefrieren. Dann drücken Sie sie aus dem Eiswürfelbehälter und geben sie in einen wiederverschließbaren Gefrierbeutel. Im Tiefkühlgerät hält sich die Brühe so bis zu sechs Monate. Jeder Würfel enthält etwa 2 Esslöffel Brühe – so lässt sie sich gut fürs jeweilige Rezept portionieren. Wollen Sie größere Mengen einfrieren, aber keine Kunststoffbehältnisse verwenden, beachten Sie, dass Glas bei Minustemperaturen zerbrechen kann. Falls Sie dennoch Glasware verwenden, füllen Sie sie nur bis zu drei Vierteln.

3. Dehydrieren

Sie können Ihren eigenen Instant-Fond herstellen, der sich leicht in heißem Wasser auflöst. Reduzieren Sie zunächst in einem breiten, niedrigen Topf bei mittlerer bis niedriger Hitze den Fond auf ein Zehntel des ursprünglichen Volumens. Lassen Sie ihn auf Zimmertemperatur abkühlen und legen Sie inzwischen die Gitter eines Dehydrators mit Wachspapier oder Paraflexx-Einlegebögen aus. Geben Sie dann mithilfe eines Löffels die abgekühlte Flüssigkeit auf das Papier – pro Bogen höchstens 240 Milliliter. Dehydrieren Sie das Ganze bei 75 °C für 18–24 Stunden, bis sich poröse Platten gebildet haben. Lösen Sie die Platten vom Papier, brechen Sie sie in Würfel oder zerkleinern Sie sie in der Küchenmaschine oder Gewürzmühle zu feinem Pulver. Luftdicht verschlossen hält sich dehydrierter Fond bei Zimmertemperatur bis zu einem Jahr.

4. Pressure Canning

Brühen und Fonds sind säurearme Nahrungsmittel, die im Gegensatz zu Pickles, Marmeladen und Früchten nicht sicher mit der herkömmlichen Wasserbadmethode konserviert werden können. Wenn Sie große Mengen an Brühe haltbar machen wollen (also große Mengen an Fleischresten und Suppenknochen verwerten möchten), kann es sinnvoll sein, einen »Pressure Canner« zu verwenden. Gießen Sie die fertige Brühe in 1-Liter-Einweckgläser und konservieren Sie diese 25 Minuten unter Druck nach Herstelleranweisung.

Im Pressure Canner eingekochte Brühen und Fonds halten sich mehrere Jahre, nach dem Öffnen sollten sie jedoch innerhalb von einer Woche aufgebraucht werden.

Kapitel 2

Grundrezepte für Brühen & Co.

Es ist immer gut, ein paar Rezepte auswendig in petto zu haben, denn sie bilden das Fundament, auf dem Sie Ihre Kochkunst aufbauen können. Mit nur wenigen Zutaten bereiten Sie vielseitig verwendbare Brühen und Fonds als Basis für komplexere Gerichte zu. Nach Belieben können Sie Ihre Basisbrühen passend zum geplanten Gericht mit Gemüse, Kräutern und Gewürzen anreichern. Die fertigen Brühen und Fonds können Sie sofort verwenden oder bis zum späteren Gebrauch aufbewahren.

In meiner Küche steht immer eine geöffnete Flasche Wein bereit. Während des Kochens gönne ich mir selbst ein Gläschen und gieße ein bisschen davon in den Suppentopf. Wein rundet Brühen und Fonds geschmacklich wunderbar ab, hat aber noch einen anderen Vorteil: Er macht das Wasser weicher, unterstützt die Freisetzung von Nährstoffen aus den Knochen und verleiht der Brühe seine besondere Note.

Brühe aus einem ganzen Huhn

Ergibt etwa 4 Liter, Kochzeit: 4-6 Stunden

1 ganzes Suppenhuhn (1,5-2,5 kg), küchenfertig ausgenommen

optional 2 Hühnerfüße, geputzt und getrimmt (Anleitung auf Seite 31)

60 ml trockener Weißwein

Diese helle, kamillenteefarbene Brühe mit deutlichem Hühneraroma schmeckt nach Behaglichkeit. Ich verwende sie als Basis für klare Suppen mit Kräutern und Gemüse. Sie ist ein wunderbarer Zeitsparer, weil man neben mehreren Litern Brühe auch reichlich gegartes Hähnchenfleisch bekommt, das man für Suppen, Aufläufe oder Salate verwenden kann.

....

Das Huhn in einen großen Kochtopf legen, optional die Hühnerfüße dazugeben und den Wein angießen. So viel kaltes Wasser hinzufügen, dass es 2,5 Zentimeter hoch über dem Huhn steht (etwa 4–6 Liter). Den Deckel auflegen und das Wasser bei mittlerer bis hoher Hitze zum Kochen bringen. Den Herd sofort auf mittlere bis niedrige Hitze herunterschalten und das Huhn bei aufgelegtem Deckel 4-6 Stunden lang köcheln lassen, bis das Fleisch zart ist und sich von den Knochen löst.

Während des Kochens immer wieder mit einer Schaumkelle den Schaum an der Oberfläche der Brühe abschöpfen und entsorgen oder für die *Russische Hühnerschaumbrühe* (Rezept auf Seite 50) aufheben.

Den Herd abschalten. Das Huhn aus der Brühe heben und auf Handwärme abkühlen lassen. Das Fleisch sorgfältig von den Knochen lösen (hält sich in einem luftdichten Gefäß gekühlt bis zu 5 Tage).

Die Brühe durch ein feinmaschiges Sieb filtern, mithilfe eines Trichters in Einmachgläser abfüllen und fest verschließen. Verwenden Sie die Brühe sofort oder lagern Sie sie im Kühlschrank bis zu 1 Woche. Alternativ können Sie sie auch bis zu 6 Monate einfrieren. Beim Einfrieren in Glasware darauf achten, dass sie nur zu drei Vierteln gefüllt wird.

Vor dem Verwenden der Brühe die Fettschicht an der Oberfläche mit einem Löffel abtragen und zum Kochen und Braten verwenden.

Fond aus Hühnerfüßen

Ergibt etwa 4 Liter, Kochzeit: 8–12 Stunden

1,5 kg Hühnerfüße, geputzt
und getrimmt (Anleitung auf
Seite 31)

60 ml Weißwein

Hühnerfüße sind womöglich eine Hürde für den einen oder anderen
Suppenkoch. Im Gegensatz zu den adrett in Plastik verpackten,
von Knochen und Haut befreiten Hühnerbrüsten, die man im
Supermarkt bekommt, sieht man Hühnerfüßen noch eindeutig und
unverkennbar ihren tierischen Ursprung an. Falls Sie für derartige
Zutaten zu zart besaitet sein sollten, mache ich Ihnen keinen
Vorwurf daraus. Wenn Sie aber Ihr Igitt-Gefühl so lange im Zaum
halten können, bis die Hühnerfüße im Kochtopf gelandet sind,
werden Sie in Form eines samtig weichen Fonds reich dafür belohnt.

. . . .

Die geputzten und getrimmten Hühnerfüße in einen Suppentopf
geben. Den Wein und so viel kaltes Wasser angießen, dass es 2,5 Zentimeter hoch über den Hühnerfüßen steht (etwa 4–6 Liter). Den
Deckel auflegen und das Wasser bei mittlerer bis starker Hitze zum
Kochen bringen. Den Herd sofort auf niedrige bis mittlere Hitze
zurückschalten, den Deckel vom Topf nehmen und die Hühnerfüße
8–12 Stunden lang sanft köcheln lassen. Dabei falls nötig Wasser
angießen, damit die Hühnerfüße immer von Wasser bedeckt sind.
Den Schaum an der Brühenoberfläche von Zeit zu Zeit abschöpfen und entsorgen.

Die Brühe durch ein feinmaschiges Sieb in einen hitzebeständigen
Krug umgießen. Den Siebinhalt wegwerfen.

Den Fond sofort verwenden oder in vier 1-Liter-Einmachgläser
abfüllen und diese luftdicht verschließen. Alternativ können Sie
ihn auch bis zu 6 Monate einfrieren – achten Sie beim Einfrieren
in Glasware aber darauf, sie nicht zu hoch zu befüllen.

Wenn sich an der Oberfläche des gekühlten oder tiefgekühlten Fonds
eine dünne gelbe Fettschicht gebildet hat, entfernen Sie diese mit
einem Löffel und werfen Sie sie weg, bevor Sie mit dem Fond kochen.
Im Gegensatz zum Fett von Knochenbrühen und anderen Fonds eignet
sich das Fett von Hühnerfüßen nicht für andere Zwecke in der Küche.

Hühnerfüße putzen & trimmen

Hühnerfüße bekommen Sie in internationalen Lebensmittelläden, auf Nachfrage auch in vielen Bioläden, Hofläden oder auf Bauernmärkten, da der Händler sie Ihnen dann beim Schlachten beiseitelegen kann. Hühnerfüße umgibt eine dünne, papierartige gelbe Haut. Wenn die dranbleibt, kann sich im Kochtopf mehr Schaum bilden, den man abschöpfen muss, da er die Brühe geschmacklich beeinträchtigen kann. Am besten entfernt man diese Haut also. Bei zuvor tiefgefrorenen Hühnerfüßen geht das leichter. Gekaufte Hühnerfüße sind meist schon »geputzt und getrimmt« – falls nicht, halten Sie sich an folgende Tipps:

Wie die Haut von Tomaten oder Pfirsichen lässt sich die Haut an Hühnerfüßen leicht entfernen, wenn sie zuvor in kochendes Wasser und dann in ein Eisbad gelegt werden. Bringen Sie hierfür in einem Topf Wasser bei hoher Hitze zum Kochen.

Gleichzeitig bereiten Sie das Eisbad vor: Geben Sie hierfür ein paar Handvoll Eiswürfel in eine große Schüssel und gießen Sie sie zur Hälfte mit kaltem Wasser auf.

Damit der Topf nicht zu voll wird und überkocht, geben Sie die Hühnerfüße einzeln ins kochende Wasser und heben sie nach jeweils 1–2 Sekunden Kochzeit mit einer Küchenzange ins Eisbad.

Nehmen Sie die Hühnerfüße einzeln aus dem Eis, ziehen Sie die Haut ab und werfen Sie diese weg.

Dann legen Sie die Hühnerfüße auf ein Schneidebrett und hacken mit einem scharfen Messer die Klauen jeweils am ersten Gelenk ab. Dadurch wird die Brühe klarer.

Sobald Häute und Klauen entfernt sind, sind die Hühnerfüße bereit für den Kochtopf.

Brühe aus Hühnerknochen

Ergibt etwa 4 Liter, Kochzeit: 8–18 Stunden

Karkasse von 1 Brathähnchen (beispielsweise vom *Langsam gegarten Salz-Pfeffer-Hähnchen* auf Seite 60)

120 ml trockener Weißwein

Ich gebe ungefähr einmal pro Woche die Knochen eines Brathähnchens in den Suppentopf und lasse sie dann stundenlang zu einer schönen, intensiv goldfarbenen Brühe mit deutlich pikanten Noten und einem Touch Karamell einkochen. Diese klare, leckere Brühe kann man pur schlürfen oder als Basis für Suppen mit Gemüse-, Getreide- oder Kartoffeleinlage verwenden.

....

Die Karkasse in einen Suppentopf geben, den Wein und so viel kaltes Wasser angießen, dass es 2,5 Zentimeter hoch über den Knochen steht (etwa 4–6 Liter). Das Wasser bei mittlerer bis starker Hitze aufkochen. Den Herd sofort auf niedrige bis mittlere Hitze zurückschalten und die Karkasse bei aufgelegtem Deckel 8–18 Stunden köcheln lassen, bis die Brühe duftet und man die Knochen zwischen Daumen und Zeigefinger zerkrümeln kann. Den Schaum an der Oberfläche entfernen und entsorgen oder für die *Russische Hühnerschaumbrühe* (Rezept auf Seite 50) aufheben.

Die Brühe mithilfe eines Trichters durch ein feinmaschiges Sieb in vier 1-Liter-Einmachgläser abfüllen und dicht verschließen. Die Brühe sofort verwenden oder im Kühlschrank bis zu 1 Woche aufbewahren. Sie können die Brühe auch bis zu 6 Monate tiefkühlen – achten Sie jedoch beim Einfrieren in Glasware darauf, sie nicht zu hoch zu befüllen.

Vor dem Verwenden die dünne, halbfeste gelbe Fettschicht an der Oberfläche mit einem Löffel entfernen. Das Fett können Sie wie Schmalz zum Anbraten verwenden (beispielsweise für das *Kartoffel-Schmalz-Püree mit Pfeffer-Thymian-Sauce* auf Seite 63).

Brühe aus Knochen vom Truthahnbraten

Ergibt etwa 4 Liter, Kochzeit: 14–24 Stunden

Karkasse von 1 Trut-
hahnbraten

4 Karotten, in 2,5 cm dicke
Stücke geschnitten

6 Stangen Staudensellerie,
in 2,5 cm dicke Stücke
geschnitten

1 große Küchenzwiebel,
geschält und geviertelt

2 Lorbeerblätter

1 EL ganze schwarze
Pfefferkörner

120 ml trockener Weißwein

Im Frühling reservieren wir uns immer einen Truthahn bei unserer Haus-und-Hof-Bäuerin – manches Jahr auch zwei. Jede Woche, wenn wir bei ihr unser Gemüse einkaufen, sehen wir nach unserem Truthahn. Er wächst und gedeiht, und gerade rechtzeitig zu Thanksgiving ist er dann rundlich genug fürs Dinner. Ich mariniere ihn gern ein paar Tage lang in einer Lauge aus süßem Apfelwein, Salz, Zucker und Gewürzen und gare ihn dann langsam über Nacht. Nach dem Festessen gebe ich die Überreste zusammen mit aromatischem Gemüse, Lorbeerblättern und schwarzem Pfeffer in den Suppentopf, und heraus kommt eine gehaltvolle, golden schimmernde Brühe, die unsere Küche eine ganze Woche bereichert.

....

Die Karkasse in einen ausreichend großen Suppentopf geben und die Karotten sowie den Staudensellerie hinzufügen. Die Zwiebelviertel darauf verteilen, die Lorbeerblätter sowie die Pfefferkörner dazugeben und das Ganze mit dem Wein sowie 4–6 Litern kaltem Wasser aufgießen. Bei mittlerer bis hoher Hitze aufkochen lassen, dann sofort den Herd auf niedrige bis mittlere Hitze zurückschalten und die Knochen bei aufgelegtem Deckel in 14–24 Stunden mürbe köcheln, bis sie bei Druck zerbröseln. Eventuellen Schaum abschöpfen und entsorgen.

Die Brühe mithilfe eines Trichters durch ein feinmaschiges Sieb in vier 1-Liter-Einmachgläser gießen und diese fest verschließen. Die Brühe sofort verwenden oder im Kühlschrank aufbewahren. Sie können die Brühe auch bis zu 6 Monate tiefkühlen – achten Sie jedoch beim Einfrieren in Glasware darauf, sie nicht zu hoch zu befüllen.

Vor dem Verwenden die dünne, halbfeste gelbe Fettschicht an der Oberfläche mit einem Löffel abtragen. Dieses Fett entweder entsorgen oder Gemüse damit anschwitzen oder anbraten.

Die Brühe können Sie als Basis für eine Sauce oder für die *Truthahnsuppe mit Wurzelgemüse und Wildreis* (Rezept auf Seite 75) verwenden.

Lange köchelnde Brühe aus gerösteten Rinderknochen
Ergibt etwa 4 Liter, Kochzeit: 12–18 Stunden

2,25 kg Suppenknochen vom Rind (beispielsweise Nacken- und Markknochen oder Knöchel und Mittelfußknochen)

240 ml trockener Rotwein

Wenn wir einmal im Jahr unser Rindfleisch bestellen – direkt bei einem Züchter in unserer Nähe, der seine Rinder auf grünem Weideland hält –, reservieren wir uns immer auch gleich Suppenknochen mit. Auch unseren Metzger bitten wir darum, Knochenabschnitte, die er ansonsten wegwerfen würde, für uns aufzuheben. Aus einer Mischung aus fleischigen Halsknochen, fetten Markknochen und knorpelhaltigen Gelenken kann man eine schmackhafte, üppige und zugleich seidig sanfte Brühe zubereiten, die beim Abkühlen ein reichhaltiges, elastisches Gelee bildet. Mehr Tipps dazu, wo man Suppenknochen bekommen kann, finden Sie auf Seite 172.

....

Den Backofen auf 200 °C vorheizen.

Die Knochen in einer Schicht auf einem mit Backpapier ausgelegten Backblech ausbreiten und 45 Minuten im Ofen rösten.

Die Knochen in einen Suppentopf geben. Den Wein und so viel kaltes Wasser angießen, dass es 5 Zentimeter hoch über den Knochen steht (etwa 4–6 Liter).

Bei hoher Hitze aufkochen lassen, dann den Herd auf mittlere bis niedrige Hitze zurückschalten. Den Deckel auflegen und die Knochen 12–18 Stunden lang köcheln lassen (dabei falls erforderlich Wasser angießen, damit die Knochen immer bedeckt sind).

Die Brühe durch ein feinmaschiges Sieb gießen, mithilfe eines Trichters in vier 1-Liter-Einmachgläser füllen und diese fest verschließen. Die Brühe sofort verwenden oder im Kühlschrank fest werden lassen. Sie können die Brühe auch bis zu 6 Monate tiefkühlen – achten Sie jedoch beim Einfrieren in Glasware darauf, sie nicht zu hoch zu befüllen.

Vor dem Verwenden die harte Fettschicht mit einem Löffel abtragen (entsorgen oder aufbewahren, um sie zum Kochen zu verwenden).

Fett von Brühen und Fonds

Wenn Knochen und das an ihnen haftende Bindegewebe in Wasser sieden, werden Proteine, Mineralstoffe und Fette herausgelöst und an die Brühe abgegeben. Das Fett schmilzt und setzt sich beim Abkühlen (ähnlich wie Sahne bei nicht homogenisierter Milch) an der Oberfläche ab, wo es zu einer festen Schicht erhärtet.

Fett fungiert als Konservierungsmittel und wird seit Jahrtausenden zum Haltbarmachen von Lebensmitteln eingesetzt. Wenn es an die Oberfläche steigt und beim Abkühlen aushärtet, bildet es eine Art Siegel, das die Brühe konserviert und dafür sorgt, dass diese im Kühlschrank für etwa eine Woche ihren Geschmack behält.

Wenn Sie die Brühe verwenden möchten, können Sie dieses Fettsiegel aufbrechen und die Flüssigkeit darunter in den Kochtopf gießen. Das Fett können Sie aufbewahren und wie Schmalz zum Anbraten nutzen.

Geflügelschmalz hat einen intensiven Geflügelgeschmack. Es ist reich an mehrfach ungesättigten Fettsäuren, die beim Erhitzen für zarten Schmelz und geschmeidige Textur sorgen. Sie können es für *Kartoffel-Schmalz-Püree mit Pfeffer-Thymian-Sauce* (Rezept auf Seite 63) verwenden oder unter Wurzelgemüse mischen, das Sie im Backofen rösten.

Rindertalg ist aufgrund seines hohen Gehalts an gesättigten Fettsäuren ein besonders hartes Fett. In zerlassener Form können Sie damit Gemüse und Fleisch anbraten oder *Gebackene Zwiebeln mit frischem Rosmarin* (Rezept auf Seite 168) zubereiten.

Schweineschmalz ähnelt von der Konsistenz her Geflügelschmalz und schmeckt mild nach Schwein. Es ist besser als sein Ruf. Vermutlich überrascht es Sie, zu erfahren, dass die dominante Fettsäure in Schweineschmalz mehrfach ungesättigt ist und der »herzgesunden« Fettsäure in Olivenöl und Avocados entspricht. Schweineschmalz können Sie zum Frittieren, Anbraten und Backen (anstelle von Butter) verwenden.

Lange köchelnde Brühe aus gerösteten Schweineknochen

Ergibt etwa 4 Liter, Kochzeit: 8–16 Stunden

2,25 kg Schweineknochen (beispielsweise Halsknochen und Füße)

240 ml trockener Rotwein

Je nach Schweinerasse geben die Knochen beim Brühekochen mehr oder weniger Fett ans Kochwasser ab. Sie können das Schmalz, das sich beim Abkühlen auf der Oberfläche absetzt, abschöpfen und als Koch- oder Backfett verwenden – besonders gut eignet es sich zum Anbraten von Zwiebeln oder zur Herstellung von Plätzchen- und Pastetenteig. Verwenden Sie für eine Basisbrühe keine geräucherte Schweinshachse, weil ihr rauchiges Aroma mild gewürzte Gerichte übertönen könnte. Mit geräucherter Hachse hergestellte Brühe eignet sich aber sehr gut für Deftiges wie *Galicischen Bohnen-Eintopf* (Rezept auf Seite 105) oder *Pintobohnen mit Eisbein* (Seite 116).

....

Den Backofen auf 200 °C vorheizen.

Die Knochen in einer Schicht auf einem mit Backpapier ausgelegten Backblech ausbreiten und etwa 45 Minuten im Ofen rösten, bis etwas Fett austrat und die Knochen am Rand leicht karamellisiert sind.

Die Knochen sowie den Wein in einen Suppentopf geben und etwa 5 Zentimeter hoch mit kaltem Wasser bedecken (etwa 4–6 Liter).

Bei hoher Hitze aufkochen lassen, dann den Herd auf mittlere bis niedrige Hitze zurückschalten. Den Deckel auflegen und die Knochen in 8–16 Stunden mürbe köcheln, dabei falls nötig Wasser nachgießen, damit die Knochen immer bedeckt sind.

Die Brühe mithilfe eines Trichters durch ein Sieb in vier 1-Liter-Einmachgläser füllen und diese fest verschließen. Die Brühe sofort verwenden oder im Kühlschrank bis zu 1 Woche lagern. Sie können die Brühe auch bis zu 6 Monate tiefkühlen – achten Sie jedoch beim Einfrieren in Glasware darauf, sie nicht zu hoch zu befüllen.

Vor der Verwendung die harte Fettschicht mit einem Löffel abtragen und für Gerichte wie *Eintopf mit geschmorter Schweineschulter & Süßkartoffeln* (Rezept auf Seite 119) verwenden.

Fischfond

Für etwa 4–6 Liter, Kochzeit: 25 Minuten

2,25 kg Fischkarkassen
(inklusive Gräten und Kopf)

240 ml trockener Weißwein

Fische sind zarte Wesen und vertragen langes Kochen nicht. Hitze kann ihre mehrfach ungesättigten Fettsäuren beschädigen, wodurch der Fond einen allzu fischigen Geschmack bekommt. Ihre dünnen, fast durchsichtigen Gräten müssen nicht so lange dazu überredet werden, ihre Nährstoffe abzugeben, wie Rinderknochen. Schon nach weniger als einer halben Stunde Kochzeit erhalten Sie einen schmackhaften Fischfond. Vorausgesetzt, Sie verwenden keine Karkassen von fettreichen Fischen wie Lachs, Makrele, Seesaibling oder Sardine, da sich deren fragilen Fette bei länger andauernder Hitzezufuhr aufspalten und dem Fond einen unangenehmen Geschmack verleihen. Verarbeiten Sie stattdessen die Karkassen fettarmer Fische wie Kabeljau, Scholle, Schellfisch, Snapper oder Seewolf. Wenn Sie nicht selbst angeln, können Sie ganze Fische oder Fischabfälle kaufen. Fischhändler und Naturkostläden mit Fischtheken verkaufen häufig Gräten und Köpfe zu einem guten Preis oder verschenken sie sogar.

....

Die Fischkarkassen in einen Suppentopf geben. Den Wein und so viel Wasser angießen, dass es 5 Zentimeter über den Karkassen steht (etwa 4–6 Liter). Bei mittlerer Hitze langsam zum Köcheln bringen. Den an der Oberfläche entstehenden Schaum abschöpfen und entsorgen. Den Fond etwa 25 Minuten köcheln lassen, bis er zart duftet, aber nicht penetrant nach Fisch riecht.

Den Fond durch ein feinmaschiges Sieb gießen und sofort verwenden oder in vier 1-Liter-Einmachgläser füllen, dicht verschließen und für höchstens 5 Tage aufbewahren. Sie können den Fond auch bis zu 6 Monate tiefkühlen – achten Sie jedoch beim Einfrieren in Glasware darauf, sie nicht zu hoch zu befüllen.

Dashi

Ergibt etwa 3 Tassen (720 Milliliter), Kochzeit: 15–20 Minuten

1 Streifen Kombu (etwa
15 cm)

1 Tasse Bonito-Flocken (etwa
10–15 g)

Dashi ist ein traditioneller japanischer Fischsud aus Kombu (ein essbarer Seetang) und Bonito (eine Thunfischart in getrockneter, zerkleinerter Form). Beide Zutaten bekommt man in vielen Supermärkten, Reformhäusern und Asialäden. Die klare Brühe hat ein mildes Aroma mit leichten, feinen Rauch- und Fischnoten. Ich habe sie gern jederzeit parat, um eine schnelle Misosuppe mit ihr zuzubereiten oder um sie zum Dünsten von Gemüse zu verwenden, wie beispielsweise beim *Mit Miso glasierten Pak Choi* (Rezept auf Seite 149).

....

950 Milliliter kaltes Wasser in einen Suppentopf gießen und den Kombu-Streifen dazugeben. Bei mittlerer bis hoher Hitze zum Köcheln bringen, dann mit einer Küchenzange den Kombu-Streifen herausnehmen und entsorgen.

Die Bonito-Flocken ins heiße Wasser einrühren. Den Herd abschalten und den Deckel auf den Topf legen. Etwa 10 Minuten ziehen lassen, bis die Bonito-Flocken auf den Topfboden gesunken sind.

Die Brühe durch ein feinmaschiges Sieb gießen und die festen Rückstände im Sieb wegwerfen.

Die Brühe sofort verwenden oder mithilfe eines Trichters in ein 1-Liter-Einmachglas füllen, fest verschließen und im Kühlschrank bis zu 5 Tage aufbewahren. Sie können *Dashi* auch bis zu 6 Monate tiefkühlen – achten Sie jedoch beim Einfrieren in Glasware darauf, sie nicht zu hoch zu befüllen.

Fond aus Krustentieren

Ergibt etwa 2 Liter, Zubereitungszeit: 60–65 Minuten

450 g Karkassen von Krustentieren (beispielsweise Garnelen, Hummer und Krabben)

240 ml trockener Weißwein

Die Karkassen von Krustentieren, die hier die Basis bilden, sind nicht besonders eiweißreich, weshalb dieser Fond wenig geleeartig wird. Stattdessen enthalten die Schalen viele Spurenelemente, insbesondere Selen, das als Antioxidans wirkt und zugleich die Schilddrüsenfunktion stärkt. Wenn Sie gerade Garnelen oder andere Krustentiere geschält haben, können Sie diesen Fond sofort zubereiten. Sie können die Schalen aber auch in einem wiederverschließbaren Gefrierbeutel sammeln und bis zu 6 Monate tiefgekühlt aufbewahren, bis Sie den Fond herstellen.

....

Den Backofen auf 200 °C vorheizen.

Die Krustentierkarkassen in einer Schicht auf einem mit Backpapier ausgelegten Backblech verteilen und im Ofen etwa 20 Minuten rösten, bis sie knusprig und an den Rändern gebräunt sind.

Das Backblech aus dem Ofen nehmen und die Schalen in einen Suppentopf geben. Den Wein und so viel Wasser angießen, dass es 2,5 Zentimeter hoch über den Schalen steht (2–4 Liter). Bei mittlerer Hitze langsam zum Köcheln bringen.

Den Schaum, der sich an der Oberfläche absetzt, abschöpfen und entsorgen. Den Fond etwa 45 Minuten köcheln lassen, bis er aromatisch duftet, aber nicht penetrant nach Fisch riecht.

Den Fond durch ein feinmaschiges Sieb gießen und sofort verwenden oder in zwei 1-Liter-Einmachgläser füllen und im Kühlschrank bis zu 5 Tage lagern. Sie können den Fond auch bis zu 6 Monate tiefgekühlt aufbewahren – achten Sie jedoch beim Einfrieren in Glasware darauf, sie nicht zu hoch zu befüllen.

Grüne Brühe

Ergibt etwa 2 Liter, Kochzeit: 20–25 Minuten

1 Bund frische Petersilie, grob gehackt

1 Bund Grünkohl, grob gehackt

1 Bund Brunnenkresse, grob gehackt

3 Stangen Staudensellerie, grob gehackt

4 Frühlingszwiebeln, grob gehackt

6 Zehen Knoblauch, geschält und grob gehackt

2–3 l *Brühe aus einem ganzen Huhn* (Rezept auf Seite 28) oder Wasser (mit einer Prise Meersalz gewürzt)

1 Streifen Kombu (etwa 15 cm)

Gemüse, vor allem grünes Blattgemüse, verleiht Brühen nicht nur einen frischen, pflanzlichen Touch, sondern auch reichlich Mineralstoffe. Sie können eine vegetarische grüne Brühe aus nichts anderem als Gemüse, Kräutern und Wasser herstellen oder aber statt Wasser Hühnerbrühe verwenden. Letztere Variante ergibt eine geschmacksintensive Brühe mit vielen Mikronährstoffen wie Kalzium, Magnesium, Phosphor, Kalium und Mangan. Für dieses Rezept eignen sich alle blättrigen Kohlsorten, die auf dem Markt angeboten werden oder in Ihrem Garten gedeihen, wie beispielsweise krauser Grünkohl, lila Grünkohl und Palmkohl. Die fertige Brühe können Sie pur genießen oder als Basis für Suppen verwenden, denen die lebendig grünen, fast grasigen Noten zusätzliche Komplexität verleihen.

. . . .

Petersilie, Grünkohl, Brunnenkresse, Staudensellerie, Frühlingszwiebeln und Knoblauch in einen Suppentopf geben. 2–3 Liter Hühnerbrühe (oder Wasser, mit einer Prise Meersalz gewürzt) angießen und den Kombu-Streifen hinzufügen.

Alles bei mittlerer Hitze zum Sieden bringen und bei aufgelegtem Deckel etwa 20 Minuten köcheln lassen, bis die Flüssigkeit eine zartgrüne Farbe angenommen hat.

Die Brühe durch ein feinmaschiges Sieb abgießen und mithilfe eines Trichters in zwei 1-Liter-Einmachgläser füllen. Die Gläser fest verschließen. Die Brühe sofort zum Kochen verwenden oder im Kühlschrank bis zu 5 Tage aufbewahren. Alternativ 6 Monate tiefkühlen – achten Sie jedoch beim Einfrieren in Glasware darauf, sie nicht zu hoch zu befüllen.

Brühe aus gerösteten Pilzen

Ergibt etwa 2 Liter, Zubereitungszeit: 60–65 Minuten

350 g gemischte Pilze (oder Pilzstiele), in etwa 1 cm große Stücke gehackt

1 Gemüsezwiebel, inklusive Schale, quer halbiert

3 Zehen Knoblauch, geschält und zerdrückt

1 EL Olivenöl

2 l *Brühe aus Hühnerknochen* (Rezept auf Seite 32) oder kaltes Wasser

60 ml trockener Weißwein

6 Zweige frischer Thymian

Das Anbraten intensiviert den Geschmack der Pilze und verstärkt die pikante, fast fleischige Note dieser Brühe, sodass sie unterschiedlichsten Gerichten eine einzigartige Tiefe verleiht. Die herzhaften Aromen passen sehr gut zu Fleisch und Reis. Verwenden Sie die Brühe daher als Basis für deftige Pilzsuppen, Eintöpfe, Risottos und Pilaws. Je mehr Pilzsorten Sie verwenden, umso aromatischer und komplexer wird die Brühe. Ich verarbeite gern die Stiele und Abfälle von Wildpilzen, weil sie für besonders intensiven Geschmack sorgen; aber auch aus Zuchtchampignons, die das ganze Jahr über erhältlich sind, können Sie eine schöne Brühe machen. Die Zwiebel sollten Sie nicht schälen, da die Schale für eine hübsche Färbung der Brühe sorgt.

....

Den Backofen auf 220 °C vorheizen.

Die Pilze in einer Schicht auf einem mit Backpapier ausgelegten Backblech verteilen. Die Zwiebelhälften dazwischenlegen, den Knoblauch darauf verteilen und das Olivenöl darüberträufeln. Die Mischung im Ofen 20 Minuten rösten.

Das Backblech aus dem Ofen nehmen und die Mischung in einen Suppentopf geben. Die Brühe und den Wein angießen. Den Thymian dazugeben und alles bei mittlerer Hitze zum Köcheln bringen. Zugedeckt etwa 30 Minuten köcheln lassen.

Die Brühe durch ein feinmaschiges Sieb abgießen und mithilfe eines Trichters in zwei 1-Liter-Einmachgläser füllen. Die Gläser fest verschließen. Die Brühe sofort zum Kochen verwenden oder im Kühlschrank bis zu 5 Tage aufbewahren. Sie können die Brühe auch 6 Monate lang tiefkühlen – achten Sie beim Einfrieren in Glasware aber darauf, sie nicht zu hoch zu befüllen.

Algenbrühe

Ergibt etwa 2 Liter, Kochzeit: 25–30 Minuten

6 Frühlingszwiebeln, in
2,5 cm große Stücke ge-
schnitten

2 Stangen Staudensellerie,
in 2,5 cm große Stücke
geschnitten

1 Karotte, in 2,5 cm große
Stücke geschnitten

1 Streifen Kombu (etwa
15 cm)

1 Blatt getrocknete Rotalge

8 getrocknete Shiitake-Pilze

2–3 l kaltes Wasser oder
*Brühe aus einem ganzen
Huhn* (Rezept auf Seite 28)

Algen gehören zu meinen Lieblingszutaten und sind außergewöhnlich reich an Spurenelementen – insbesondere an Jod, das die Schilddrüse gesund erhält. Getrocknete Algen gibt es in vielen Bioläden. Getrockneter Kombu wird in langen, dicken Streifen verkauft, die in warmem Wasser eingeweicht im Nu wieder geschmeidig werden. Getrocknete Rotalgen lassen sich leicht zu Flocken zerkleinern und werden häufig auch so angeboten. Kaufen Sie für dieses Rezept jedoch lieber ganze getrocknete Rotalgenblätter, keine Flocken, denn die wären möglicherweise zu fein für die Maschen Ihres Siebes.

....

Die Frühlingszwiebel-, Sellerie- und Karottenstücke in einen Suppentopf füllen. Kombu-Streifen, Rotalgenblatt sowie Shiitake-Pilze dazugeben und das Ganze mit 2–3 Litern Wasser oder Brühe aufgießen.

Alles bei mittlerer bis hoher Hitze zum Köcheln bringen. Die Hitze etwas reduzieren und die Mischung zugedeckt 20 Minuten sieden lassen.

Die Brühe durch ein feinmaschiges Sieb abgießen und mithilfe eines Trichters in zwei 1-Liter-Einmachgläser füllen. Die Gläser fest verschließen. Die Brühe sofort zum Kochen verwenden oder im Kühlschrank bis zu 5 Tage aufbewahren. Sie können die Brühe auch bis zu 6 Monate tiefgekühlt aufbewahren – achten Sie beim Einfrieren in Glasware aber darauf, sie nicht zu hoch zu befüllen.

Doppelt gekochter Fond (Remouillage)

Ergibt etwa 2 Liter, Kochzeit: 6–8 Stunden

Knochen von einem Fond- oder Brühenansatz

120 ml Rot- oder Weißwein (nach Belieben auch mehr)

Nachdem Sie einen Fond gekocht, durch ein Sieb gefiltert und in Einmachgläser gefüllt haben, bleibt ein Haufen mürbe gekochter Knochen übrig. Diese können Sie natürlich wegwerfen, aber Sie könnten auch von den Franzosen lernen, die aus Knochen, die bereits einmal ausgekocht wurden, eine traditionelle *Remouillage* zubereiten. Diese »Nachbrühe« hat einen schwächeren Geschmack als ein mit frischen Knochen gekochter Fond, die Knochen setzen aber auch beim zweiten Aufguss noch Aromen, Eiweiß und Mineralstoffe frei, und Sie verschwenden noch weniger in der Küche. Mit ihrem milderen, weniger konzentrierten Geschmack passt *Remouillage* gut in Gerichte, in denen andere Aromen dominieren sollen, und sie eignet sich als Wasserersatz für Gemüsebrühen.

....

Die bereits ausgekochten Knochen zurück in den Topf geben und den Wein angießen. So viel kaltes Wasser hinzufügen, dass es 5 Zentimeter hoch über den Knochen steht (etwa 2–3 Liter), und bei mittlerer bis hoher Hitze zum Köcheln bringen. Sofort auf niedrige bis mittlere Hitze zurückschalten und die Knochen bei aufgelegtem Deckel bis zu 8 Stunden sieden lassen.

Den Fond durch ein feinmaschiges Sieb gießen und mithilfe eines Trichters in zwei 1-Liter-Einmachgläser füllen. Die Gläser fest verschließen. Den Fond sofort zum Kochen verwenden oder im Kühlschrank bis zu 5 Tage aufbewahren. Sie können die Brühe auch bis zu 6 Monate tiefgekühlt aufbewahren – achten Sie beim Einfrieren in Glasware aber darauf, sie nicht zu hoch zu befüllen.

Russische Hühnerschaumbrühe (Pena)

Ergibt etwa 1 Liter, Kochzeit: 2–3 Stunden

1 l *Brühe aus Hühner-knochen* (Rezept auf Seite 32) oder *Brühe aus einem ganzen Huhn* (Rezept auf Seite 28)

abgeschöpfter Schaum von der *Brühe aus Hühner-knochen* (Rezept auf Seite 32) oder der *Brühe aus einem ganzen Huhn* (Rezept auf Seite 28)

Die meisten Rezepte für Brühen und Fonds empfehlen, den Schaum, der sich beim Brühekochen an der Oberfläche absetzt, abzuschöpfen und zu entsorgen. Dabei sind die an die Oberfläche steigenden Bläschen aber nur aus ästhetischen Gründen unerwünscht, da die Proteine und Fette, aus denen der Schaum besteht, den Fond trüben und eventuell seine Haltbarkeit verkürzen können. Schädlich sind sie aber keineswegs. Vor Generationen fanden russische Küchenfeen eine Verwendung für diesen Schaum: Sie schöpften ihn ab und bereiteten daraus eine besonders kräftige Brühe zu. Dieses Rezept ist dem im 19. Jahrhundert erschienenen Buch *A Gift to Young Housewives* von Elena Molokhovets entnommen.

....

Bereiten Sie eine der beiden Hühnerbrühen nach Rezeptanleitung zu, stellen Sie dabei auf die hintere Herdplatte einen kleinen Topf und schöpfen Sie in diesen regelmäßig den Schaum von der Oberfläche der Brühe ab.

Sobald die Brühe fertig ist, geben Sie 1 Liter davon zum gesammelten Schaum in den Topf und legen den Deckel auf. Bei mittlerer Hitze zum Köcheln bringen, dann die Hitze sofort reduzieren. Lassen Sie sie bei aufgelegtem Deckel 2 Stunden köcheln – der Schaum löst sich in der Brühe auf und reichert sie an.

Sie können die Brühe sofort für Rezepte verwenden, in denen Hühner-brühe erforderlich ist, oder sie mit Salz und Pfeffer abschmecken und ganz einfach pur genießen.

Falls Sie sie nicht sofort verwenden, die Brühe durch ein feinmaschiges Sieb abgießen und mithilfe eines Trichters in ein 1-Liter-Einmachglas füllen. Das Glas fest verschließen und im Kühlschrank bis zu 1 Woche aufbewahren. Sie können die Brühe auch bis zu 6 Monate tiefgekühlt aufbewahren – achten Sie beim Einfrieren in Glasware aber darauf, sie nicht zu hoch zu befüllen.

Knochenbrühe aus Küchenresten

Ergibt etwa 4 Liter, Kochzeit: 8–12 Stunden

500–700 g Hühnerknochen oder -abschnitte (beispielsweise Hälse, Hinterteile und Flügel)

600 ml gesammelte Gemüse- und Kräuterreste (beispielsweise Zwiebel- und Karottenschalen, Sellerieblätter, Petersilienstängel)

2 Lorbeerblätter

1 EL ganze schwarze Pfefferkörner

2 EL Weißweinessig

Nichts hasse ich mehr in der Küche als Verschwendung. Daher sammle ich Gemüsereste wie Karottengrün und -schalen, Zwiebelschalen, Sellerieblätter und Kräuterstängel in einer gläsernen Frischhaltebox im Gefrierfach. Sobald die Box voll ist und es Geflügelknochen zu verarbeiten gilt, ist es Zeit für diese *Knochenbrühe aus Küchenresten*. Ich bevorzuge dafür Gemüse mit mildem, reinem Geschmack wie Karotten, Pastinaken, Stauden- und Knollensellerie sowie frische Kräuter. Weil Kohlgemüse einer Brühe eine unerwünschte bittere Note geben kann, eignet es sich nicht unbedingt für die Suppenküche. Und einige Wurzelgemüsesorten wie beispielsweise Rüben machen die Brühe merkwürdig süß mit einem subtilen, aber störenden metallischen Nachgeschmack.

....

Alle Zutaten in einen Suppentopf geben und so viel Wasser angießen, dass es etwa 2,5 Zentimeter hoch über dem Huhn steht (etwa 4–6 Liter). Den Deckel auflegen und das Wasser bei mittlerer bis hoher Hitze zum Köcheln bringen. Sofort auf niedrige bis mittlere Hitze zurückschalten und alles bei aufgelegtem Deckel 8–12 Stunden sieden lassen, bis die Knochen mürbe sind und sich zwischen Daumen und Zeigefinger leicht zerdrücken lassen. Während des Kochens falls nötig den Schaum von der Oberfläche abschöpfen.

Die Brühe durch ein feinmaschiges Sieb gießen und mithilfe eines Trichters in vier 1-Liter-Einmachgläser füllen. Die Gläser fest verschließen. Die Brühe sofort zum Kochen verwenden oder im Kühlschrank bis zu 5 Tage aufbewahren. Sie können die Brühe auch bis zu 6 Monate tiefgekühlt aufbewahren – achten Sie beim Einfrieren in Glasware aber darauf, sie nicht zu hoch zu befüllen.

Kapitel 3

Geflügel

Ein Schälchen golden schimmernde, dampfende Hühnerbrühe ist eine wohltuende Schönheit. Sie kann einen bei schlimmen Erkältungen trösten, an kalten Wintertagen wärmen und wertet als geradezu magische Zutat mit ihrem Aroma selbst das schlichteste Gericht auf. In meiner Küche habe ich Hühnerfond allzeit griffbereit. Manchmal wärme ich ihn für meine *Frühstücksbrühe* (Rezept auf Seite 56) auf, manchmal gebe ich ihn zum Schmorgemüse in die Pfanne. Er ist einfach ständig einsatzbereit. Die Rezepte im folgenden Kapitel zeigen die unglaubliche Vielseitigkeit von Hühnerbrühen und -fonds.

Für Neulinge im Selbermachen von Brühe sind Hühnerbrühen wohl die beste Wahl. Die Zutaten sind in fast allen Lebensmittelläden oder auf Bauernmärkten erhältlich, die Herstellung ist weder aufwendig noch kompliziert und die Ergebnisse sind eigentlich immer lecker.

Frühstücksbrühe

Ergibt 1 Tasse

180 ml *Brühe aus Hühner-knochen* (Rezept auf Seite 32)

Blätter von 3 Stängeln glatter Petersilie, fein gehackt

1 Zehe Knoblauch, geschält und fein gehackt

1 Prise grobes Meersalz

Ich war noch nie ein Kaffeefan – viel lieber trinke ich morgens eine schöne Tasse Brühe. Sie stärkt mich für den neuen Tag und füllt meine Flüssigkeitsspeicher nach der Nachtruhe wieder auf. Ich gebe gern etwas gehackte Petersilie und Knoblauch sowie eine Prise Meersalz dazu. Frisch geriebener Ingwer und Kurkuma schmecken ebenfalls gut in meiner *Frühstücksbrühe*.

....

Die Hühnerbrühe in einem kleinen Topf bei mittlerer bis hoher Hitze aufwärmen. Sobald kleine Bläschen an der Topfwand nach oben steigen, die Petersilienblätter sowie den Knoblauch dazugeben und das Ganze nach Belieben mit Salz abschmecken. In eine Tasse gießen und genießen.

Varianten: Wenn Ihnen der Sinn morgens nicht nach Petersilie und Knoblauch steht, können Sie die Brühe auch mit anderen Zutaten verfeinern. Hier folgen ein paar meiner Favoriten:

Kurkuma und Ingwer: Je ein 1,25 Zentimeter großes Stück frische Kurkuma- und Ingwerwurzel reiben und in die Brühe rühren. 4–5 Minuten ziehen lassen, damit die Aromen sich verbinden. Warm trinken.

Knoblauch, Eigelb und Parmesan: 1 fein gehackte geschälte Knoblauchzehe, 1 Eigelb und 2 EL fein geriebenen Parmesan in die Brühe rühren.

Frühlingszwiebel, Ingwer und Chili: 1 Frühlingszwiebel in dünne Ringe schneiden und ein 1,25 Zentimeter großes Stück geschälten Ingwer reiben. Beides in die Brühe rühren und einen dünnen Ring Serrano- oder Jalapeño-Chilischote dazugeben.

Brühe für Kleinkinder

Für etwa 4 Tassen

450 g Hühnerschenkel ohne Knochen und Haut, in mundgerechte Stücke geschnitten (nicht dicker als 1 cm)

Brühen auf Fleischbasis gelten als besonders wertvoll für Menschen, die sich von einer Krankheit erholen müssen – aber auch für Kinder, die neben der Muttermilch die erste feste Nahrung bekommen, sind sie eine feine Sache. Viele alte amerikanische Kochbücher und Haushaltsratgeber beinhalten Brühenrezepte für Kinder – wie das hier vorgestellte, das ich aus *Jennie June's American Cookery Book* aus dem Jahr 1870 entnommen habe. Fleischbrühen haben nicht den Gelatine- und Mineralstoffgehalt von Knochenbrühen und -fonds, liefern aber mild-aromatische Flüssigkeit und etwas Eiweiß. Sie können sie pur schlürfen, wofür diese Brühen eigentlich gedacht sind, oder als Basis für Suppen und Pürees verwenden. Wenn Sie Ihr Baby oder Kleinkind damit füttern wollen, sollten Sie die Brühe nur sehr sparsam salzen, denn kleine Körper profitieren von zu viel Salz nicht unbedingt. Zu beachten ist natürlich, dass Brühe seit jeher nur als Ergänzung zu Muttermilch und fester Nahrung verabreicht wird, keineswegs als Ersatz.

....

Das Fleisch in ein 1-Liter-Einmachglas geben und vollständig mit kaltem Wasser bedecken. Das Glas fest verschließen und auf ein Gitter in einem Topf stellen. So viel Wasser in den Topf gießen, dass es 2,5 Zentimeter hoch über dem Glas steht. Das Wasser bei mittlerer bis hoher Hitze aufkochen lassen, dann die Hitze etwas reduzieren und alles 6 Stunden lang sieden lassen, dann das Glas aus dem Topf nehmen und auf Handwärme abkühlen lassen.

Das Glas vorsichtig öffnen. Die Brühe durch ein feinmaschiges Sieb mit einem Trichter in ein zweites Einmachglas oder einen anderen Vorratsbehälter umgießen. Den Siebinhalt wegwerfen. Die Brühe entweder sofort verwenden oder luftdicht verschlossen bis zu 1 Woche im Kühlschrank aufbewahren.

Langsam gegartes Salz-Pfeffer-Hähnchen

Für 6 Personen

1 ganzes Mast- oder Brathähnchen (1,2–2,2 kg), küchenfertig ausgenommen

1 Bio-Zitrone, in Viertel geschnitten

1 Gemüsezwiebel inklusive Schale, in Viertel geschnitten

2 EL kalt gepresstes Olivenöl

2 gehäufte EL grobes Meersalz

1 TL frisch gemahlener schwarzer Pfeffer

120 ml trockener Weißwein

Einmal pro Woche, normalerweise sonntags, nehmen wir uns die Zeit, um ein ganzes Hähnchen zu braten. Gart man Geflügel behutsam mehrere Stunden lang bei niedriger Hitze, bleibt es wunderbar saftig, und das Fleisch fällt beim Anschneiden fast von den Knochen, so zart wird es. Lassen Sie sich von den 2 Esslöffeln Salz nicht abschrecken – es macht die Haut knusprig und sorgt dafür, dass der Saft im Brustfleisch bleibt. Wenn es für Sie zu salzig aussieht, bürsten Sie überschüssiges Salz vor dem Servieren einfach ab.

…………

Den Backofen auf 135 °C vorheizen.

Die Flügel des Hähnchens am Rücken feststecken und die Bauchhöhle mit den Zitronen- und Zwiebelvierteln füllen (sie geben beim Braten Flüssigkeit ab, sodass das Fleisch bei seinem stundenlangen Aufenthalt im Rohr nicht austrocknet). Die Beine des Hähnchens mit Küchengarn zusammenbinden und das so vorbereitete Hähnchen vorsichtig in einen ofenfesten Schmortopf mit 6 Litern Fassungsvermögen setzen. Das Olivenöl darüberträufeln und das Hähnchen mit Salz und Pfeffer bestreuen. Den Wein auf den Boden des Topfs gießen.

Den Deckel auflegen, den Schmortopf auf einen Rost auf der mittleren Schiene in den Backofen stellen und das Hähnchen 3 Stunden lang schmoren (die Backofentür dabei nicht öffnen).

Dann den Deckel des Schmortopfes abnehmen und die Temperatur auf 190 °C erhöhen. Das Hähnchen weitere etwa 45 Minuten garen, bis die Haut knusprig und bernsteinfarben ist.

Das Hähnchen aus dem Ofen nehmen und 10 Minuten im Topf ruhen lassen. Das Hähnchen auf ein Schneidebrett legen, mit einer Geflügelschere in Portionen zerteilen (Brüste, Schenkel, Keulen etc.) und mit Beilagen Ihrer Wahl servieren.

Die Knochen und Fleischreste für die *Brühe aus Hühnerknochen* (Rezept auf Seite 32) verwenden.

Kartoffel-Schmalz-Püree mit Pfeffer-Thymian-Sauce

Für 6 Personen

Für das Püree

675 g mehligkochende Kartoffeln, geschält und in Viertel geschnitten

2 EL grobes Meersalz

55 g Hühnerschmalz

240 ml *Brühe aus Hühner-knochen* (Rezept auf Seite 32)

Für die Sauce

1 l *Brühe aus Hühnerknochen* (Rezept auf Seite 32)

2 EL Hühnerschmalz

30 g Mehl

½ TL frische Thymianblätter

1 TL frisch gemahlener schwarzer Pfeffer

1 Prise feines Meersalz

Dieses köstliche Püree sorgt in Kombination mit der karamell-farbenen, aromatischen Sauce im Nu für eine behagliche Stimmung. Zartschmelzendes, hellgoldenes Hühnerschmalz aus ausgelassenem Hühnerfett ist in der traditionellen Küche der aschkenasischen Juden besonders beliebt. Es sorgt für einen feinen, aber deutlichen Geflügelgeschmack, und dank seines hohen Gehalts an einfach ungesättigten Fetten ist es ein hervorragendes und vielseitig verwendbares Kochfett. Geschmacklich passt es wunderbar zu neutralen Zutaten wie Kartoffeln und es stellt eine gute Alternative zu Butter dar. Hühnerschmalz bekommt man in vielen Feinkostläden sowie im Internet – oder Sie stellen es selbst her, indem Sie beim Hühnerbrühekochen das sich an der Oberfläche absetzende Fett in ein Weckglas abschöpfen und ausgehärtet im Kühlschrank lagern.

....

Die Kartoffelstücke in einen ausreichend großen Suppentopf geben und so viel Wasser angießen, dass es 5 Zentimeter hoch über den Kartoffeln steht. Das Salz einrühren und das Wasser bei hoher Hitze zum Kochen bringen. Die Kartoffeln bei aufgelegtem Deckel etwa 30 Minuten kochen, bis sie weich sind und sich leicht mit einer Gabel einstechen lassen.

Für die Sauce in der Zwischenzeit die Brühe in einen Topf gießen und bei mittlerer Hitze erwärmen, bis kleine Bläschen am Rand aufsteigen. Währenddessen in einer kleinen Schüssel mit einer Gabel das Schmalz mit dem Mehl zu einer glatten Paste verrühren. 1 TL der Schmalzpaste unter die heiße Brühe rühren und gründlich verquirlen, bis alle Klümpchen aufgelöst sind, dann teelöffelweise die restliche Paste einarbeiten.

Fortsetzung auf Seite 64

Fortsetzung von Seite 63

Die Sauce unter Quirlen erhitzen, bis sie die gewünschte sämige Konsistenz hat. Den Thymian unterrühren und die Sauce mit Salz und Pfeffer abschmecken. Die Herdplatte auf niedrigste Stufe schalten und die Sauce darauf warm halten, bis das Kartoffelpüree fertig ist.

Für das Püree die fertig gegarten Kartoffeln abgießen und in der Küchenmaschine mit dem Flachrühraufsatz (oder in der Flotten Lotte) zu Püree verarbeiten. Das Schmalz löffelweise unterrühren, dann jeweils ein paar Esslöffel von der Brühe untermischen, bis das Püree die Brühe vollständig aufgesogen hat. Alles zu einer glatten Mischung verrühren und mit Salz und Pfeffer abschmecken.

Das Kartoffelpüree in eine Schüssel füllen und zusammen mit der Sauce servieren.

Hühnersuppe mit Parmesan, Reis, Erbsen & Zitrone

Für 6–8 Personen

120 g Parmesan (inklusive Rinde)

100 g weißer Langkornreis

2 EL Butter

1 Stange Lauch, der Länge nach halbiert und in etwa 6 mm breite Stücke geschnitten

3 Stangen Staudensellerie, in 6 mm große Würfel geschnitten

1 gute Handvoll gekochtes Hähnchenfleisch, in mundgerechte Stücke geschnitten

1,5 l *Brühe aus einem ganzen Huhn* (Rezept auf Seite 28)

150 g frische (oder tiefgekühlte) geschälte Erbsen

ausgepresster Saft und abgeriebene Schale von 1 Bio-Zitrone

1 kleines Bund frische glatte Petersilie, grob gehackt

Meersalz und frisch gemahlener schwarzer Pfeffer

Ich koche diese Suppe gern, wenn der Winter langsam in den Frühling übergeht, weil sie die letzten Meyer-Zitronen des Winters mit den ersten Erbsen und Lauchstangen des Frühlings kombiniert – falls Sie keine Meyer-Zitronen bekommen, können Sie auch ganz normale Zitronen verwenden. Zusammen mit Reis und glatter Petersilie ergibt das eine wohlige, »brühige« Suppe mit einem schwungvoll scharfen Finish. Ein Stück Parmesanrinde sorgt für cremige, leicht salzige Fülle, wenn man sie in den siedenden Suppentopf gibt. Zu dieser Suppe reiche ich immer einen großen Salat aus Frühlingsgemüse und -kräutern: Kopfsalat, dünn gehobelte Radieschen, Minze, Kerbel, Schnittlauch und essbare Blüten wie Ringelblume und Löwenmäulchen, je nachdem, was gerade im Garten wächst.

....

Die Rinde des Parmesans im Ganzen abschneiden und beiseitelegen, den Rest sehr fein reiben.

Den Reis in ein feinmaschiges Sieb geben und unter fließendem Wasser spülen, bis dieses klar ist. Das Sieb mit dem Reis über eine Schüssel hängen, sodass der Reis abtropfen kann.

Die Butter in einem Suppentopf bei mittlerer bis hoher Hitze zerlassen. Sobald sie aufschäumt, den Reis hineinschütten und etwa 2 Minuten darin anbraten, bis die Körner an den Spitzen durchscheinend werden. Lauch und Sellerie hinzufügen und etwa 3 Minuten unter ständigem Rühren mit anschwitzen, bis das Gemüse weich ist und sein Aroma freisetzt. Dann das Hähnchenfleisch unterrühren und 2 Minuten lang mitbraten.

Forsetzung auf Seite 66

Forsetzung von Seite 65

Die Brühe in den Topf gießen und die Parmesanrinde hineingeben. Alles aufkochen lassen, dann die Hitze auf mittlere Stufe reduzieren.

Falls Sie frische Erbsen verwenden, rühren Sie diese unter die Brühe, nachdem der Reis etwa 10 Minuten gegart hat. Die Suppe bei aufgelegtem Deckel dann weitere 10 Minuten köcheln lassen, bis sowohl Reis als auch Erbsen weich sind.

Bei tiefgekühlten Erbsen kochen Sie zunächst den Reis in 15-20 Minuten gar, rühren dann die tiefgekühlten Erbsen unter und lassen die Suppe etwa 5 Minuten weiterköcheln, bis die Erbsen warm sind.

Den Herd abschalten. Die Parmesanrinde mit einer Küchenzange aus der Suppe heben und entsorgen.

Den Zitronensaft in die Suppe gießen. Die Petersilie und den Zitronenabrieb dazugeben, dann die Suppe nach Belieben mit Salz und Pfeffer abschmecken.

Das Gericht auf Suppenteller verteilen und mit geriebenem Parmesan bestreut servieren.

Die Hühnersuppen-Kur

Jeder, der sich schon mal mit verstopfter Nase und Halskratzen ins Bett verkrümelt hat, weiß eine wärmende Hühnersuppe zu schätzen, und altüberlieferte Rezepte empfehlen sie seit Jahrhunderten als Hausmittel. Im 10. Jahrhundert lobte der persische Arzt Avicenna die heilende Kraft der Hühnersuppe, und im 12. Jahrhundert verschrieb der jüdische Arzt und Philosoph Maimonides sie bei Erkältungen und Atemwegserkrankungen.

Überall auf der Welt gibt es Rezepte für heilsame Hühnersuppen. Mexikaner kochen sie mit Reis, Limetten und Chilischoten, die Franzosen würzen sie mit Kräutern und Knoblauch, die Deutschen reichern sie mit Nudeln an, die Belgier mit Lauch, Sellerie und Eigelb und die Chinesen mit Ingwer, Schalotten und Sternanis.

Kulinarische Traditionen beruhen häufig auf tief verwurzeltem Wissen und es gibt wissenschaftliche Belege für die Wirksamkeit von so manch einer Küchenweisheit. Kürzlich untersuchten Wissenschaftler am Medical Center der University of Nebraska die heilkräftige und stärkende Wirkung der Hühnersuppe und fanden heraus, was unsere Großmütter schon immer wussten: Hühnersuppe hilft wirklich bei Erkältungen.

Viele Aminosäuren in Brühen, wie Glutamin und Glycin, wirken entzündungshemmend, und insbesondere Hühnerbrühe mindert die neutrophile Migration – das heißt, sie trägt zur Reduzierung der Entzündungsreaktion bei, die einem bei Erkältungen so zu schaffen macht. Zudem hilft Hühnersuppe gegen Schnupfen, denn sie unterstützt die winzigen Flimmerhärchen in Nase und Atemwegen in ihrer Funktion, wodurch sie besser arbeiten und uns besser vor Infektionen schützen.

Und selbst wenn das wohlschmeckende Hausmittel vielleicht nicht jede Erkältung heilt, sorgt es in jedem Fall dafür, dass sich die Patienten gleich merklich besser fühlen.

Thailändische Hühnersuppe mit Kokosmilch (Tom Kha Gai)

Für 6 Personen

1 l *Fond aus Hühnerfüßen*
(Rezept auf Seite 30)

225 g Shiitake-Pilze, die
Kappen in dünne Scheiben
geschnitten, die Stiele im
Ganzen belassen

3 Thai-Chilischoten, leicht
gequetscht

1 Stängel Zitronengras (etwa
15 cm), leicht gequetscht

1 Stück frischer Ingwer
(2,5 cm), geschält (Schale
aufheben) und in dünne
Scheiben geschnitten

2 Schalotten, geschält
(Schalen aufheben) und in
Würfel geschnitten

6 Kaffirlimettenblätter (oder
1 Bio-Limette, halbiert)

675 g Hähnchenkeulen
ohne Knochen und Haut,
in mundgerechte Stücke
geschnitten

1 Dose vollfette Kokosmilch
(400 ml)

60 ml Fischsauce

1 EL Palmzucker

frischer Koriander,
zum Garnieren

frisches Thai-Basilikum,
zum Garnieren

Bio-Limettenspalten, zum
Servieren

Ich liebe die thailändische Küche: ihre Leidenschaft für scharfe Chilischoten, würzige Kräuter und das Zusammenspiel von süßen, sauren und pikanten Aromen in jedem Gericht. Alle diese Geschmacksnoten finden sich auch in dieser Hühnersuppe mit duftendem Zitronengras und Kaffirlimettenblättern, scharfem Thai-Chili, leckeren Shiitake-Pilzen und Hühnchenfleisch. Cremige Kokosmilch mildert die Schärfe des Chilis, und die salzige Fischsauce rundet die Aromen ab. Ich serviere dazu gern eine Schüssel gedämpften Reis, und als Nachtisch gibt es dünn aufgeschnittene Mangos mit Limettensaft.

. . . .

Den Fond in einen großen Suppentopf gießen und bei mittlerer Hitze zum Köcheln bringen. Shiitake-Stiele, Thai-Chilis, Zitronengras, Ingwerschale, Schalottenschalen und Kaffirlimettenblätter (oder die Limette) in den Fond geben. Den Deckel auflegen und das Ganze etwa 20 Minuten sieden lassen, damit die Zutaten ihr Aroma abgeben.

Den Herd abschalten und die Brühe durch ein feinmaschiges Sieb in einen hitzebeständigen Krug umgießen. Den Siebinhalt entsorgen. Den Topf mit Küchenkrepp säubern.

Die gefilterte Brühe in den Topf zurückgießen. Pilzkappen, Ingwer, Schalotten und Hühnerfleisch hineingeben. Kokosmilch, Fischsauce und Palmzucker unterrühren und alles bei mittlerer Hitze etwa 25 Minuten sieden lassen, bis das Gemüse weich und das Fleisch durchgegart ist.

Die *Tom Kha Gai* in Suppenschalen füllen und mit Koriander und Thai-Basilikum garnieren. Dazu Limettenspalten reichen.

Ein Hoch auf die Freilandhaltung

Wenn auf dem Bauernmarkt oder im Hofladen Hühner oder Truthähne aus Freilandhaltung angeboten werden, sollten Sie zugreifen. Viele Züchter, die ihre Tiere im Freien halten, schlachten nur zwei- oder dreimal pro Jahr und können dementsprechend nicht für ständigen Nachschub sorgen. Kaufen Sie also einen Vogel fürs nächste Abendessen und ein paar extra für die Tiefkühltruhe, denn Freilandgeflügel sorgt für die leckerste und aromatischste Brühe überhaupt.

Wenn ein Tier Platz zum Herumlaufen hat (was ihm instinktiv ein Bedürfnis ist), sorgen in seinem Fleisch unterschiedliche Faktoren für mehr Geschmack. Je mehr Bewegung ein Tier hat, umso größer ist der Sauerstoffbedarf seiner Muskeln und umso mehr Myoglobin produzieren diese. Myoglobin, ein Sauerstoff transportierendes, eisenreiches Protein, bildet bei Wärmezufuhr Aromen aus. Deshalb ist das Fleisch von Freilandtieren schmackhafter als das Fleisch von Stalltieren, die nicht frei herumlaufen dürfen.

Geflügel aus Freilandhaltung ist zudem aufgrund seiner abwechslungs-reichen Ernährung aus Raupen, Käfern, anderen Insekten, Sprösslingen und Zusatzfutter reicher an Mikronährstoffen. In Ställen gehaltenes Geflügel bekommt Kraftfutter aus Mais, Soja, Reiskleie und Weizen. Durch ihr abwechslungsreiches Futter nehmen Freilandtiere vielseitigere Nährstoffe auf, die sich im Fleisch und Fett anreichern und für ein ausgeglichenes Verhältnis von Omega-3- und Omega-6-Fettsäuren sowie für höhere Level der Vitamine E, A und Beta-Carotin in Fleisch, Fett und Eiern sorgen.

Wenn diese Vögel ihr natürliches Futter aufpicken und ihrem natürlichen Bewegungsdrang nachkommen dürfen, hat ihr Fleisch nicht nur mehr Geschmack, sondern auch einen höheren Nährwert als das ihrer eingepferchten Kollegen.

Truthahnsuppe mit Wurzelgemüse & Wildreis

Für 6 Personen

200 g Wildreis

1 EL Apfelessig

1 EL Butter

1 Gemüsezwiebel, fein gewürfelt

2 Zehen Knoblauch, geschält und fein gehackt

3 Karotten, fein gewürfelt

2 Pastinaken, fein gewürfelt

1 Knolle Sellerie, geputzt und fein gewürfelt

1 EL frische Thymianblättchen

½ TL feines Meersalz

1 gute Handvoll gegartes Truthahnfleisch, in mundgerechte Stücke zerteilt

1,5 l *Brühe aus Knochen vom Truthahnbraten* (Rezept auf Seite 33)

frisch gemahlener schwarzer Pfeffer

Immer wenn vom Truthahnbraten etwas übrig bleibt, bereite ich damit diese leckere Suppe zu. Die Röstaromen des Bratens harmonieren wunderbar mit dem nussigen Wildreis und der süßlich-erdigen Note von Karotten, Pastinaken und Sellerie. Der in Nordamerika heimische Wildreis ist besonders reich an Vitamin B sowie Zink, Phosphor und Mangan. Weicht man ihn vor dem Kochen mit etwas Essig ein, verkürzt sich seine Garzeit. Zudem reduziert das Einweichen die Phytinsäure, ein Inhaltsstoff von Getreide und Samenkörnern, der die Aufnahme von Mineralstoffen im menschlichen Organismus beeinträchtigen kann.

....

Den Reis in eine ausreichend große Schüssel geben, 2,5 Zentimeter hoch mit Wasser bedecken und den Apfelessig unterrühren. Mit einem sauberen Geschirrtuch abdecken und über Nacht (8–24 Stunden) einweichen. Dann abseihen und das Einweichwasser wegschütten.

Die Butter in einem Suppentopf bei mittlerer Hitze zerlassen. Sobald sich Schaum bildet, die Hitze reduzieren und Zwiebel, Knoblauch, Karotten, Pastinaken, Sellerie und Thymian zur Butter geben. Mit Meersalz bestreuen und den Deckel auflegen. Das Gemüse etwa 10 Minuten anschwitzen, bis es weich ist.

Das Gemüse einmal kurz umrühren, dann das Fleisch und den eingeweichten Reis dazugeben. Die Brühe angießen und alles bei aufgelegtem Deckel etwa 45 Minuten köcheln lassen, bis der Reis durchgegart ist.

Das Gericht mit Salz und Pfeffer abschmecken und heiß servieren.

Masthähnchen versus Suppenhuhn

Zwar eignen sich alle ganzen Hühner für eine Brühe, besonders gute Resultate erzielen Sie jedoch mit einem Suppenhuhn.

Wenn Hühner älter werden, passiert mit ihrem Fleisch zweierlei: Es bekommt mehr Geschmack und es wird fester. Die Tiere, die auf Bauernmärkten und im Lebensmittelhandel als Grill-, Brat- und Masthähnchen angeboten werden, sind Jungvögel, die bereits nach etwa sechs bis acht Wochen geschlachtet werden und sehr zartes Fleisch haben.

Legehennen oder Suppenhühner hingegen werden erst später geschlachtet. Anders als Brat- und Masthühnchen werden sie schlanker und robuster sowie für die Eierproduktion gezüchtet. Wenn sie älter werden, legen sie immer weniger Eier, und nach etwa acht Jahren legen sie gar keine mehr.

Diese Hennen eignen sich nicht mehr zum Braten und Grillen, dafür aber perfekt für den Suppentopf. Ihr Fleisch ist fester und geschmacksintensiver als das von Hühnern, die zur Fleischproduktion gezüchtet wurden, und hat mehr reichhaltiges gelbes Fett. Wenn Sie das Suppenhuhn kochen, tritt das Fett aus und steigt an die Oberfläche. Sie können es abschöpfen und als Kochfett verwenden – wegen des hohen Gehalts an mehrfach ungesättigten Fettsäuren hat Hühnerschmalz einen guten Geschmack und eine zart schmelzende Konsistenz.

Suppenhühner sind nicht nur für Fonds und lange siedende Knochenbrühen wie die *Brühe aus einem ganzen Huhn* (Rezept auf Seite 28) ideal, sondern auch für Gerichte, die ihre eigene Brühe bilden, wie *Hühnercremesuppe mit Petersilie & Schnittlauch* (Rezept auf Seite 78) oder *Limettensuppe à la Yucatán* (Rezept auf Seite 81).

Zu kaufen gibt es Suppenhühner häufig auf Bauernmärkten und in Hofläden. Sie können aber auch Ihren Eierlieferanten bitten, Ihnen beim nächsten Schlachten ein Tier beiseitezulegen. Es lohnt sich.

Hühnercremesuppe mit Petersilie & Schnittlauch

Für 8 Personen

6 Stangen Staudensellerie inklusive Grün

3 Karotten inklusive Grün

1 Gemüsezwiebel

1 ganzes Suppenhuhn (1,5–2 kg), küchenfertig ausgenommen

3 ganze Gewürznelken

2 Stangen Lauch, geputzt und gewaschen

2 EL Butter

¼ TL Muskatnuss, frisch gerieben

6 Eigelb

450 g Crème double

2 EL frische glatte Petersilie, gehackt

2 EL Schnittlauch, in Röllchen geschnitten

Salz

gemahlener schwarzer Pfeffer

Alles, was ich als Kind über Cremesuppen wusste, war, dass es sie in Dosen gab, aus denen beim Öffnen eine elastische Grütze quoll. Und dass sie als Zutat für Aufläufe dienten, die wir zu Kirchenfesten mitbrachten. Diese Suppe ist keine von jener Sorte, sondern eine wunderbare sättigende Kombination aus aromatischem Gemüse, Butter, Eigelb, Crème double, frischen Kräutern und Hühnchen. Bei dieser Suppe werden fast alle Gemüseteile verwertet, und in einem Haushalt, in dem jeder Cent zählt, ist es besonders wichtig, aus allen Lebensmitteln auch noch das letzte bisschen Geschmack und sämtliche Nährstoffe herauszuholen. Das Sellerie- und Karottengrün gibt der Suppe ein herrliches Aroma, das sehr gut zu dem zartem Fleisch, der Crème double und den frischen Kräutern passt. Weil sich die Zutaten nach kurzer Zeit trennen, sollte man die Suppe am besten sofort verspeisen. Das Rezept habe ich dem *Fireside Cookbook* von James Beard entnommen.

....

Die grünen Teile der Selleriestangen abzupfen und in einen Suppentopf geben. Das Karottengrün abschneiden und die Karotten schälen, das Grün und die Schalen in den Topf geben. Von der Zwiebel die Enden abschneiden, die Zwiebel schälen. Schalen und Enden in den Topf geben. Sellerie, Karotten und Zwiebel sehr fein hacken und in eine Schüssel geben.

Das Huhn gründlich abspülen, trocken tupfen und in den Topf geben. So viel kaltes Wasser angießen, dass es etwa 5 Zentimeter hoch über dem Huhn steht. Die Gewürznelken in die Lauchstangen stecken und diese neben das Suppenhuhn in die Flüssigkeit legen.

Etwa 2 Stunden köcheln lassen, bis das Huhn bis zum Knochen durchgegart und das Fleisch zart ist.

Fortsetzung auf Seite 80

Fortsetzung von Seite 78

Das Huhn vorsichtig aus dem Topf nehmen, auf eine Platte legen und auf Handwärme abkühlen lassen.

Die Brühe durch ein feinmaschiges Sieb in einen hitzebeständigen Krug umgießen, den Siebinhalt entsorgen. Den Topf mit Küchenkrepp säubern.

Die Butter in einer Pfanne zerlassen, bis sie schäumt. Das gehackte Gemüse darin etwa 5 Minuten anbraten, bis es aromatisch duftet und weich ist, dann in den gesäuberten Topf geben.

Das Hühnchenfleisch von den Knochen zupfen (die Knochen für den *Zweimal gekochten Fond* auf Seite 48 aufheben), sehr fein hacken und unter das Gemüse rühren. Die geklärte Brühe angießen, dann alles mit Muskat abschmecken und die Suppe bei mittlerer Hitze zum Sieden bringen.

Die Eigelbe in einer kleinen Schüssel verquirlen, einen Löffel Suppe unterrühren und diese Mischung in die heiße Suppe gießen. Vorsichtig Crème double, Petersilie und Schnittlauch unterrühren und das Ganze mit Salz und Pfeffer abschmecken.

Die Suppe auf tiefe Teller verteilen und servieren.

Limettensuppe à la Yucatán (Sopa de Lima)

Für 8 Personen

Schmalz (oder Kokosöl) zum Braten

1 Packung Mais-Tortillas (240 g), in 6 mm breite und 2,5 cm lange Streifen geschnitten

1 ganzes Suppenhuhn, küchenfertig ausgenommen (etwa 1,5 kg)

1 weiße Zwiebel, in dünne Ringe geschnitten

200 g weißer Langkornreis

3 Bio-Limetten

Jalapeños, zum Garnieren

Cotija (oder Feta-Käse), zerkrümelt, zum Garnieren

frischer Koriander, gehackt, zum Garnieren

1 Avocado, geschält, vom Kern befreit und in Spalten geschnitten, zum Garnieren

Bei einem Aufenthalt auf der mexikanischen Halbinsel Yucatán – wo es eine einzigartige Küche gibt, die sowohl in den kulinarischen Traditionen der Maya als auch in der spanischen Kochkunst ihre Wurzeln hat – kletterte ich mit meiner Familie in den überwucherten Ruinen von Cobá umher. Dann fuhr uns unser Guide über kurvenreiche, orangerote Straßen durch den Dschungel zu einem »Cenote«, einer tiefen, natürlichen, mit klarem Wasser gefüllten Kalksteinhöhle, in der wir schwammen, bis wir müde und erschöpft waren. Von diesem Abenteuer hungrig geworden, gingen wir am See in Cobá in ein kleines Restaurant, in dem traditionelle Yucatán-Gerichte serviert wurden, unter anderem eine klassische Limettensuppe. Fast jedes Lokal auf Yucatán hat dafür sein eigenes Rezept – manche geben Paprikaschoten dazu, andere würzen mit Zimt und Oregano. Ich mag sie ganz einfach mit Hühnchen, Zwiebeln, Reis und Limetten. Simple Gerichte sind oft die besten, weil ihre Zutaten ohne Pomp und Protz auskommen. Anstelle des mexikanischen Cotija-Käses können Sie auch Feta-Käse verwenden.

....

Einen Teller mit Küchenpapier oder einem sauberen baumwollenen Geschirrtuch auslegen.

Eine Pfanne auf mittlere Hitze erwärmen. So viel Schmalz hineingeben, dass es geschmolzen gut 1 Zentimeter hoch in der Pfanne steht. Sobald das Fett heiß ist, testweise einen Tortillastreifen hineingeben. Wenn er sofort zu brutzeln beginnt und in 30 Sekunden kross und goldbraun ist, hat das Fett die richtige Temperatur erreicht.

Fortsetzung auf Seite 82

Fortsetzung von Seite 81

Die Tortillastreifen portionsweise knusprig goldbraun frittieren (hierfür nicht zu viele auf einmal in die Pfanne geben). Mit einem Schaumlöffel herausheben, auf den mit Küchenkrepp ausgelegten Teller legen und abkühlen lassen. Den Herd abschalten.

Das Huhn in einen großen Suppentopf geben. So viel Wasser angießen, dass es etwa 5 Zentimeter hoch über dem Huhn steht. Bei mittlerer bis hoher Hitze zum Kochen bringen, dann die Hitze reduzieren und das Huhn bei aufgelegtem Deckel etwa 2 Stunden siedend garen, bis das Fleisch zart ist und mühelos mit einer Gabel zerteilt werden kann.

Dann den Herd abschalten, das Huhn auf eine Platte heben und das Fleisch in mundgerechte Stücke zerteilen (Knochen und Haut entsorgen).

Die Brühe durch ein feinmaschiges Sieb in einen hitzebeständigen Krug umgießen, den Siebinhalt entsorgen. Den Topf mit Küchenkrepp säubern, dann die Brühe in den Topf zurückschütten.

Das zerkleinerte Hühnerfleisch in die Brühe geben. Zwiebelringe und Reis einrühren und alles bei mittlerer Hitze sieden lassen.

Währenddessen den Saft von 1 Limette auspressen und den Saft in die Suppe rühren. Köcheln lassen, bis die Zwiebel glasig weich und der Reis gar ist.

Die restlichen Limetten abwaschen und samt Schale fein hacken.

Die Suppe in Essschalen füllen und mit gehackten Limetten, Jalapeñoringen, zerkrümeltem Cotija (oder Feta-Käse), Avocadospalten, Tortillastreifen und Koriander garniert servieren.

Hähnchen in Wein mit Champignons, Erbsen & Kräutern

Für 6 Personen

2 EL Butter

1 ganzes Mast- oder
Brathähnchen (etwa 2 kg),
küchenfertig ausgenommen
und in Stücke zerteilt

2 Stangen Lauch, in dünne
Ringe geschnitten

450 g Champignons, in
dünne Scheiben geschnitten

1 TL feines Meersalz,
plus etwas extra zum
Abschmecken

480 ml trockener Weißwein

675 g Gartenerbsen
in den Schoten (oder
300 g tiefgekühlte geschälte
Erbsen)

1 Bund frische glatte
Petersilie, fein gehackt

1 Bund frischer Schnittlauch,
in Röllchen geschnitten

112 g Crème fraîche

Der Frühling hält in meinem Garten in Form knackiger Erbsen und aromatischer Kräuter Einzug, abgerundet mit Crème fraîche und mild aromatischen Champignons. Dieses Gericht, ganz klar eines meiner Lieblingsrezepte, koche ich sehr oft. Es ist edel genug für Gäste, aber auch einfach genug fürs familiäre Abendessen unter der Woche. Man brät die Hähnchenteile an und lässt sie dann mit Wein, Lauch, Pilzen und Erbsen köcheln, bis das Fleisch von den Knochen fällt. Die mit Crème fraîche angereicherte Brühe ergibt eine wunderbare Sauce, und als Beilage serviere ich Kartoffeln.

....

Die Butter in einem Schmortopf bei mittlerer Hitze zerlassen. Die Hähnchenteile portionsweise etwa 6 Minuten pro Seite darin anbräunen und dann beiseitelegen.

Die Lauchringe sowie Champignonscheiben in den Topf geben und das Meersalz hinzufügen. Den Deckel auflegen und die Hitze etwas reduzieren. Lauch und Pilze etwa 8 Minuten anschwitzen, bis sie zart sind.

Die Hähnchenteile wieder in den Topf geben und den Wein angießen. Alles bei niedriger bis mittlerer Hitze etwa 45 Minuten schmoren, bis das Fleisch durchgegart ist.

Falls Sie frische Erbsen verwenden, palen Sie sie aus den Schoten, während die Hähnchenteile garen, und geben Sie sie dann in den Topf. Bis die Erbsen weich sind, dauert es weitere 20 Minuten.

Falls Sie TK-Erbsen verwenden, garen Sie die Hähnchenteile weitere 15 Minuten und geben dann die Erbsen hinzu. Sie müssen nur warm gemacht werden, das dauert etwa 5 Minuten.

Zuletzt die Petersilie und den Schnittlauch einrühren. Den Herd abschalten, die Crème fraîche einrühren und alles mit Meersalz abschmecken. Heiß servieren.

In Dashi geschmorte Hähnchenkeulen

Für 6 Personen

480 ml *Dashi* (Rezept auf Seite 39)

450 g Shiitake-Pilze, die Kappen in 6 mm dicke Scheiben geschnitten, die Stiele im Ganzen belassen

2 EL Kokosöl

1 Zehe Knoblauch

1 Stück frischer Ingwer (2,5 cm)

6 Hähnchenkeulen (mit Knochen, aber ohne Haut)

2 EL Mirin (süßer Reiswein)

6 Frühlingszwiebeln, diagonal in dünne Ringe geschnitten

1 EL Sesamsamen

gedämpfter Reis, als Beilage

Von Zeit zu Zeit gibt es bei uns abends diese langsam in *Dashi* gegarten, mit Frühlingszwiebeln und Sesam bestreuten Hähnchenkeulen, dazu serviere ich gedämpften Reis und Gemüse. Das Fleisch wird durch das langsame Schmoren unglaublich zart, sodass es fast von den Knochen fällt. Für dieses Gericht bevorzuge ich *Dashi* statt Hühnerfond oder -brühe. Wie alle Brühen und Fonds ist *Dashi* eine wunderbare Schmorflüssigkeit, denn das herzhafte Umami-Aroma passt hervorragend zu Sesam, Ingwer und Knoblauch.

. . . .

Die *Dashi*-Brühe in einem kleinen Topf bei mittlerer Hitze erwärmen. Die Shiitake-Stiele dazugeben (sie geben beim Erhitzen ihr Aroma an die Brühe ab). Nach 10 Minuten die Brühe durch ein Sieb gießen, die Pilzstiele entsorgen und die Brühe warm halten.

Während die Brühe köchelt, die anderen Zutaten vorbereiten.

Das Kokosöl in einem breiten Schmortopf bei mittlerer Temperatur erhitzen. Sobald es heiß genug ist, Knoblauch und Ingwer hineingeben und etwa 3 Minuten anbraten, bis sie ihr Aroma freisetzen. Die Hähnchenkeulen nebeneinander in den Schmortopf legen und pro Seite etwa 5 Minuten anbraten. Mit einer Küchenzange herausnehmen und auf einer Platte beiseitestellen.

Nun die in Scheiben geschnittenen Shiitake-Pilzkappen in den Topf geben und in etwa 8 Minuten durchgaren.

Die Hitze etwas reduzieren und die Keulen zurück in den Topf geben. Die *Dashi*-Brühe und den Mirin angießen. Bei aufgelegtem Deckel 10 Minuten köcheln lassen, dann den Deckel abnehmen und die Hitze erhöhen. Die Hähnchenkeulen 10–15 Minuten weiterköcheln lassen, bis sie durchgegart sind und das Fleisch zart ist.

Die Frühlingszwiebeln und den Sesam darüber verteilen und das Gericht mit Reis als Beilage servieren.

Kapitel 4

Fleisch

Im Gegensatz zu den leichten, vielseitig verwendbaren Geflügelbrühen sind Rinder- und Schweinebrühen kräftig und dominant im Geschmack. Ihre üppigen Aromen verlangen nach ebenso fulminanten Gewürzen und Gemüsebeigaben, was im Zusammenspiel die herzhafte Grundlage für die in diesem Kapitel vorgestellten Fleischgerichte liefert.

Rinder- und Schweinefonds und -brühen beinhalten viel Eiweiß, haben aber einen relativ niedrigen Mineralstoffgehalt, den Sie durch Gemüse aufstocken können. Die reichhaltigen, aromatischen Brühen können Sie pur genießen – oder leichte Suppen daraus zaubern sowie Eintöpfe und Saucen.

Rinder und Schweine werden normalerweise im Herbst und im frühen Winter geschlachtet. Aus diesem Grund gibt es diese herzhaften Fonds und Brühen bei mir in den kälteren Monaten, wenn ihr kräftiger Geschmack willkommen ist und intuitiv guttut.

Rinderkraftbrühe (Beef Tea)

Ergibt 1 Liter

450 g Rumpsteak, fein gehackt

Salz und frisch gemahlener schwarzer Pfeffer

Im 19. Jahrhundert bereiteten englische Hausfrauen für kranke Familienmitglieder eine besonders kräftigende Rinderbrühe (*Beef Tea*) zu. Sie füllten ein Einmachglas mit gehacktem Fleisch, gossen Wasser an, verschlossen das Glas und ließen den Inhalt sieden, damit das Fleisch seine wertvollen Inhaltsstoffe an die Brühe abgab. Diese Brühe ist würzig-fleischig und schmeckt mit etwas Salz exzellent. Sie müssen diese Brühe nicht für Krankheitsfälle reservieren, wie es die Köchinnen im 19. Jahrhundert taten. Genießen Sie sie einfach immer, wenn Ihnen danach ist.

. . . .

Das gehackte Fleisch in ein 1-Liter-Einmachglas füllen und so viel kaltes Wasser angießen, dass es 2,5 Zentimeter hoch über dem Fleisch steht (etwa 900 Milliliter). Das Glas dicht verschließen.

Ein Siedegitter in einen Topf legen (um Stöße beim Kochen abzufangen) und das Glas daraufstellen. So viel Wasser in den Topf gießen, dass das Glas zu drei Vierteln im Wasser steht. Das Wasser bei mittlerer bis hoher Hitze langsam zum Kochen bringen, dann die Hitze etwas reduzieren. 4 Stunden sieden lassen, dann das Glas aus dem Topf nehmen und auf Handwärme abkühlen lassen.

Die Brühe durch ein feinmaschiges Sieb in ein anderes 1-Liter-Einmachglas umgießen, den Siebinhalt wegwerfen. Das Glas dicht verschließen. Im Kühlschrank hält sich die Rinderkraftbrühe bis zu 1 Woche.

Vor dem Verwenden das gehärtete Fett an der Oberfläche entfernen. Die Brühe in einem Topf aufwärmen, mit Salz und Pfeffer abschmecken und heiß servieren.

Brühe-Extrakt (Portable Soup)

Ergibt etwa 24 Brühwürfel aus 12 Litern Flüssigkeit

2 Kalbshachsen

2 Rindermittelfüße

3 Gemüsezwiebeln inklusive Schalen, der Länge nach halbiert

1 kleines Bund frischer Thymian

1 EL schwarze Pfefferkörner

1 TL Muskatnuss, frisch gerieben

6 ganze Gewürznelken

In einer Zeit, als man noch nicht einfach in den Laden gehen und Brühwürfel kaufen konnte, setzte man auf die in England erfundene »Portable Soup«. Die Klumpen konzentrierter Brühe waren ein idealer Reiseproviant. Für die Herstellung wurden in gigantischen Kesseln riesige Mengen Rinderknochen zu einem dicken, gelee-artigen, klebrigen Sirup eingekocht, der dann zu glasigen Brocken oder Platten getrocknet wurde. Ich habe mein eigenes Rezept entwickelt, um aus kleineren Knochenmengen gelatinereichen Brühe-Extrakt in Würfelform herzustellen. Er lässt sich leicht im Kühlschrank aufbewahren und löst sich in heißem Wasser im Nu zu Fond auf.

....

Die Kalbshachsen und Rindermittelfüße in einen großen Suppentopf geben, 2,5 Zentimeter hoch mit Wasser bedecken und die restlichen Zutaten hineingeben. Bei mittlerer bis hoher Hitze aufkochen lassen, dann die Hitze etwas reduzieren. Alles bei aufgelegtem Deckel etwa 12 Stunden sieden lassen, bis das Fleisch zart ist und sich leicht von den Knochen lösen lässt. Immer wieder den Schaum an der Oberfläche abschöpfen und entsorgen.

Die Brühe durch ein feinmaschiges Sieb in ein großes Einmachglas gießen, den Siebinhalt wegwerfen. Das Glas dicht verschließen und über Nacht in den Kühlschrank stellen, sodass das Fett aushärtet.

Das gehärtete Fett an der Oberfläche abtragen und die Brühe bei mittlerer bis hoher Hitze in einen Doppelkessel im Wasserbad zu einem dicken, klebrigen Konzentrat (mit einem Zehntel des ursprünglichen Volumens) einreduzieren lassen.

Das Konzentrat in Eiswürfelbehälter füllen und im Kühlschrank in etwa 12 Stunden fest werden lassen.

Aus den Eiswürfelbehältern klopfen und in einem luftdicht ver-schlossenen Gefäß lagern. Im Kühlschrank halten sich die Würfel etwa 6 Wochen, im Tiefkühlfach 6 Monate. Bei Bedarf einen Würfel entnehmen und in 500 Millilitern kochendem Wasser auflösen. Nach Belieben Gewürze und Gemüse dazugeben.

Schnelle Pho

Für 4 Personen

675 g Rinderfilet

1 Gemüsezwiebel, geschält und halbiert

1 Stück frischer Ingwer (7,5 cm), halbiert

2 Sternanis

1 Zimtstange, etwa 7,5 cm

1 TL ganze Koriandersamen

½ TL ganze Fenchelsamen

2 Gewürznelken

2 l *Lange köchelnde Brühe aus gerösteten Rinderknochen* (Rezept auf Seite 34)

60 ml Fischsauce

1 Packung flache vietnamesische Reisnudeln (240 g)

4 Frühlingszwiebeln, diagonal in 2,5 cm breite Ringe geschnitten

1 Bund frischer Koriander

1 Bund frisches Thai-Basilikum

1 Bund frische Minze

1 Handvoll Bohnensprossen

2 Limetten, jeweils in vier Spalten geschnitten

2 Jalapeños, in dünne Ringe geschnitten

60 ml Hoisin-Sauce

60 ml Sriracha-Sauce

Pho, eine traditionelle vietnamesische Suppe aus gewürzter Brühe, Reisnudeln, Kräutern und dünn geschnittenem Fleisch, ist mittlerweile auch im Westen populär. Sie kann leicht zu Hause selbst gemacht werden, sofern man etwas Rinderbrühe zur Hand hat, und ist ideal für schnelle Abendessen unter der Woche. Während die Brühe auf dem Herd zieht und die charakteristischen Aromen von Koriander, Fenchel, Zimt und Nelken annimmt, haben Sie Zeit, in Ruhe die anderen Zutaten – Chilischoten, frische Kräuter, Bohnensprossen und Limetten – vorzubereiten.

....

Das Fleisch ins Tiefkühlgerät legen, damit es sich später möglichst dünn schneiden lässt.

Gemüsezwiebel, Ingwer, Sternanis, Zimt, Koriander- und Fenchelsamen sowie Gewürznelken in einen Topf mit 4 Litern Fassungsvermögen geben. Die Brühe sowie die Fischsauce darübergießen und bei mittlerer bis hoher Hitze zum Köcheln bringen.

Während die Brühe siedet, die Reisnudeln in eine hitzebeständige Schüssel geben und mit reichlich kochendem Wasser übergießen. Die Nudeln für etwa 10 Minuten darin einweichen, bis sie weich, aber nicht matschig sind. In ein Sieb schütten.

Während die Nudeln einweichen und die Brühe vor sich hin köchelt, die Frühlingszwiebelringe auf einer Servierplatte anrichten. Von Koriander, Thai-Basilikum und Minze die Blättchen abzupfen und zusammen mit den Bohnensprossen, Limetten und Jalapeños ebenfalls auf der Platte anordnen.

Fortsetzung auf Seite 96

Fortsetzung von Seite 94

Das Rinderfilet aus dem Tiefkühlfach nehmen, quer zur Faser in sehr dünne Scheiben schneiden und in einer kleinen Servierschüssel anrichten.

Die Hoisin- und Siracha-Sauce jeweils in zwei separate kleine Servierschüsseln geben.

Die Reisnudeln auf vier Essschälchen verteilen und jeweils etwa 360 Milliliter Brühe darübergeben. Dabei darauf achten, dass keine der ganzen Gewürze in die Essschälchen gelangen.

Die dampfend heiße Reisnudelsuppe zusammen mit den vorbereiteten Einlagen und Saucen servieren. Bei Tisch kann jeder seine Suppe nach Belieben mit Kräutern, Chilischoten, Fleisch und Saucen anreichern.

Rindfleisch-Consommé mit Schnittlauch & Champignons

Für 6 Personen

240 g Champignons, Stiele und Kappen separat in dünne Scheiben geschnitten

1 Stange Lauch, in dünne Ringe geschnitten

3 Stangen Staudensellerie, fein gehackt

1 Zehe Knoblauch, geschält und fein gehackt

4 Eiweiß

1,5 l *Lange köchelnde Brühe aus gerösteten Rinderknochen* (Rezept auf Seite 34)

feines Meersalz

2 EL Schnittlauch, gehackt

Champignons und frische Kräuter verleihen dieser klassischen Rinderbrühe eine zusätzliche Dimension. Die französische Consommé ist traditionellerweise eine klare Suppe ohne Einlage, die einen wunderbaren Auftakt für ein Menü bildet.

....

Pilzstiele, Lauch, Sellerie und Knoblauch in eine große Schüssel geben.

In einer separaten Schüssel die Eiweiße zu Eischnee schlagen. Den Eischnee sorgfältig unter das Gemüse heben.

Die Brühe in einen Topf gießen und die Gemüse-Eischnee-Mischung unterrühren. Bei mittlerer bis hoher Hitze unter Rühren erhitzen, bis die Brühe siedet. Die Hitze reduzieren, nicht mehr rühren. Das Eiweiß und das Gemüse setzen sich an der Oberfläche der Brühe ab und bilden eine feste Schicht in Form einer Platte. Die Brühe 30 Minuten sieden lassen, dann den Herd abschalten.

Während die Brühe siedet, die Pilzkappen in eine Suppenterrine geben.

Sobald die Brühe klar ist, die Eiweiß-Gemüse-Platte mit einer Schöpfkelle sanft im Topf nach unten drücken und die Brühe durch ein feinmaschiges Sieb über die Pilzkappen in die Suppenterrine gießen. Die Eiweiß-Gemüse-Platte entsorgen.

Die *Consommé* mit Salz abschmecken und mit Schnittlauch bestreut servieren.

Rindfleisch-Eintopf mit Wurzelgemüse

Für 6 Personen

2 EL Weißmehl

2 TL feines Meersalz,
plus etwas extra zum
Abschmecken

2 TL fein gemahlener
schwarzer Pfeffer, plus etwas
extra zum Abschmecken

1 kg Rindfleisch (Suppen-
fleisch Ihrer Wahl, in
mundgerechte Stücke
geschnitten)

2 EL Rindertalg (beispielsweise in Form der Fettschicht
von der *Lange köchelnden
Brühe aus gerösteten Rinderknochen,* Rezept auf Seite 34)

3 Gemüsezwiebeln, geschält
und geviertelt

2 Karotten, gehackt

2 Pastinaken, gehackt

1 Knolle Sellerie, gehackt

3 mehligkochende
Kartoffeln, gehackt

4 EL Tomatenmark

240 ml trockener Rotwein

720 ml *Lange köchelnde
Brühe aus gerösteten Rinderknochen* (Rezept auf Seite 34)

2 Lorbeerblätter

Im Spätherbst besuche ich mit meiner Familie gern Bauernhöfe in der Nähe, und bei dieser Gelegenheit kaufe ich herzhaftes Wurzelgemüse ein: Rote Beten und gelbe Zuckerrüben, violette Steckrüben, Knollensellerie, Karotten und Pastinaken sowie haufenweise Kartoffeln, an denen noch Erde haftet. Diese stärke-haltigen Wurzeln geben uns in den kälteren Monaten Kraft, wenn wir etwas Nahrhaftes und Wärmendes brauchen. Wenn die Tage dunkler werden, kommen dann herzhafte Mahlzeiten wie dieser robuste Eintopf auf den Tisch. Die Kombination ist wunderbar: erdiges Wurzelgemüse und frisches Rindfleisch, als Würze dienen nur Salz und Pfeffer, Rotwein und Lorbeerblätter. Falls Sie Gluten meiden müssen oder möchten, können Sie das Weizenmehl zum Eindicken durch Pfeilwurz- oder weißes Reismehl ersetzen.

....

Den Backofen auf 160 °C vorheizen.

Mehl, Meersalz sowie Pfeffer in einer kleinen Schüssel vermengen und das Fleisch in der Mischung wälzen, bis es vollständig paniert ist.

Den Rindertalg in einem Schmortopf bei mittlerer bis hoher Hitze zerlassen. Das Fleisch darin in etwa 8 Minuten auf allen Seiten bräunen.

Gemüse und Kartoffeln zum Fleisch geben. In einer Rührschüssel Tomatenmark und Wein vermischen, dann über Fleisch und Gemüse gießen. Die Brühe dazugießen und die Lorbeerblätter hinzufügen. Alles bei aufgelegtem Deckel etwa 3 Stunden garen, bis das Fleisch zart ist und sich mit der Gabel mühelos zerteilen lässt.

Den Eintopf mit Salz sowie Pfeffer abschmecken und sofort servieren. Alternativ über Nacht in den Kühlschrank stellen, damit sich die Aromen verbinden, dann aufwärmen und genießen.

Schwarze-Bohnen-Suppe

Für 6–8 Personen

300 g getrocknete Schwarze Bohnen, verlesen und gründlich gespült

¼ TL Backnatron

2 EL Kokosöl

1 weiße Zwiebel, geviertelt

3 Zehen Knoblauch, geschält und gehackt

2 TL gemahlener Kreuzkümmel

1 TL Chilipulver

1 TL getrockneter Oregano

1 l *Lange köchelnde Brühe aus gerösteten Rinderknochen* (Rezept auf Seite 34)

2 Dosen stückige geschälte Tomaten (je 400 g)

etwas saure Sahne, zum Garnieren

1 kleine rote Zwiebel, geschält und gehackt, zum Garnieren

ein paar Zweige frischer Koriander, gehackt, zum Garnieren

ein paar Jalapeños, in Scheiben geschnitten, zum Garnieren

Wenn es draußen kälter wird, packt die Bäuerin unserer »Community Supported Agriculture« (eine Art Food-Kooperative) kleine Päckchen getrockneter Bohnen in unsere Gemüsekiste, die sie selbst angebaut, gepalt und gesäubert hat. Ich fülle diese dann in Einmachgläser ab, die uns bis zur nächsten Ernte reichen. Die erdigen, mild schmeckenden Hülsenfrüchte passen gut zu kräftigeren Begleitern, und in einer unserer Lieblingssuppen runden Knoblauch, Kreuzkümmel und Chili den Geschmack der Bohnen ab. Ich schöpfe die Suppe in tiefe Teller, gebe jeweils einen Klecks saure Sahne obenauf und streue gehackte rote Zwiebeln, frische Korianderblätter sowie ein paar Jalapeñoscheiben darüber. Wie *Chili con Carne* schmeckt die Suppe am nächsten Tag noch besser. Weil sie aber über Nacht andicken kann, sollte man vor dem Aufwärmen noch etwas Wasser oder Brühe einrühren.

....

Am Vorabend die Bohnen in eine Schüssel geben, so viel warmes Wasser angießen, dass es 5 Zentimeter hoch über den Bohnen steht, dann das Backnatron einrühren. Einen Deckel auflegen oder die Schüssel mit einem sauberen Geschirrtuch abdecken, damit kein Schmutz an die Bohnen gelangt. Die Bohnen 18–24 Stunden lang einweichen lassen. Dann durch ein feinmaschiges Sieb abgießen und gründlich abspülen. Die Bohnen in eine Schüssel geben und beiseitestellen.

Das Kokosöl in einem Suppentopf bei mittlerer bis hoher Hitze heiß werden lassen und die Zwiebel und den Knoblauch darin etwa 8 Minuten anschwitzen, bis sie aromatisch duften und an den Rändern zu bräunen beginnen. Dann zügig Kreuzkümmel, Chilipulver und Oregano unterrühren.

Fortsetzung auf Seite 100

Fortsetzung von Seite 99

Die eingeweichten Bohnen, die Brühe und die Tomatenwürfel dazugeben. Die Hitze etwas reduzieren und die Bohnen etwa 2,5 Stunden köcheln lassen, bis sie so weich sind, dass man sie mühelos mit dem Löffelrücken zerdrücken kann (dabei gelegentlich umrühren). Den Herd ausschalten.

Die Bohnen mit dem Pürierstab grob pürieren. Wenn Sie keinen Pürierstab haben oder die Suppe gern stückiger haben wollen, können Sie diesen Schritt einfach weglassen.

Die warme Suppe auf tiefe Teller verteilen und mit saurer Sahne, Zwiebeln, Koriander und Jalapeñoscheiben garniert servieren.

Hacksteaks mit Pilz-Sauce

Für 4 Personen

Für die Hacksteaks

450 g Rinderhackfleisch

2 Schalotten, gehackt

1 Eigelb

1 TL unraffiniertes Meersalz

½ TL frisch gemahlener
schwarzer Pfeffer

Für die Sauce

480 ml *Lange köchelnde
Brühe aus gerösteten
Rinderknochen* (Rezept
auf Seite 34)

480 ml trockener Rotwein

2 Zweige frischer Thymian,
plus etwas extra zum
Garnieren

4 EL Butter (plus mehr, nach
Bedarf)

1 große Gemüsezwiebel,
geschält, halbiert und in
dünne Ringe geschnitten

450 g Pilze Ihrer Wahl,
geputzt und in dünne
Scheiben geschnitten

In der Kantine meiner Grundschule gab es regelmäßig Hacksteak, lieblos auf ein grelloranges Tablett geworfen. Heute kaufen meine Familie und ich jeden Herbst bei einem hiesigen Bauern ein ganzes Rind, und so gilt es haufenweise Knochen und Hackfleisch zu verarbeiten. Das würzige *Hacksteaks mit Pilz-Sauce* serviere ich meiner Familie vor allem im Winter, wenn uns der Sinn nach etwas Herzhaftem steht.

....

Für die Hacksteaks das Rinderhack in einer großen Schüssel grob mit den Schalotten verkneten. Mit einem Kochlöffel Eigelb, Meersalz und Pfeffer unterrühren. Die Hackfleischmasse zu vier flachen Frikadellen formen und beiseitestellen.

Für die Sauce zunächst die Brühe zusammen mit dem Rotwein in einen Topf gießen und bei hoher Hitze zum Kochen bringen. Den Thymian hineinwerfen und einköcheln lassen, bis die Brühe auf ein Drittel reduziert ist, dann den Thymian entfernen.

In einer Pfanne 2 Esslöffel Butter bei mittlerer bis hoher Hitze zerlassen. Die Zwiebelringe darin anbraten, bis sie aromatisch duften und an den Rändern zu karamellisieren beginnen. Aus der Pfanne nehmen und in eine Schüssel geben (dabei möglichst viel vom Bratfett in der Pfanne belassen).

Die Pilze in der Pfanne anbraten, bis sie duften und gebräunt sind. Aus der Pfanne nehmen und in die Schüssel zu den Zwiebelringen geben.

Fortsetzung auf Seite 104

Fortsetzung von Seite 103

Für die Hacksteaks 2 weitere Esslöffel Butter in der Pfanne zerlassen und die Frikadellen darin auf beiden Seiten scharf anbraten, bis sie außen schön braun, in der Mitte aber noch rosa sind. Dann die gebratenen Pilze und Zwiebeln darübergeben.

Die einreduzierte Wein-Brühe-Mischung über die Hacksteaks gießen. Bei niedriger Hitze 3–4 Minuten köcheln lassen, bis das Fleisch durchgart ist.

Die Hacksteaks mit der Pilz-Sauce auf einem Teller anrichten und mit frischem Thymian garniert servieren.

Galicischer Bohnen-Eintopf (Caldo gallego)

Für 8 Personen

200 g getrocknete weiße Bohnen (beispielsweise Cannellini- oder Great-Northern-Bohnen), verlesen und gründlich gespült

¼ TL Backnatron

2 EL kalt gepresstes Olivenöl

4 Zehen Knoblauch, geschält und gehackt

1 Gemüsezwiebel, geschält und gehackt

1 geräucherte Schweinshachse, etwa 450 g

2 Lorbeerblätter

240 g spanische Chorizo, in 6 mm dicke Scheiben geschnitten

450 g Kartoffeln, geschält und in 2,5 cm große Würfel geschnitten

450 g Steckrüben, geschält und in 1,25 cm große Würfel geschnitten (das Grün beiseitegelegt)

feines Meersalz

optional einige Spritzer kalt gepresstes Olivenöl, zum Beträufeln

Caldo gallego, ein herzhafter, kräftiger Bohneneintopf mit Schweinefleisch und Wurzelgemüse, stammt aus Galicien, einer Berglandschaft im Nordwesten Spaniens. Geräuchertes Schweinefleisch und stärkehaltiges Gemüse – beides wichtige Zutaten in der traditionellen galicischen Küche – stärken die Bevölkerung an kalten Tagen. Wie bei vielen regionalen Gerichten variiert das Rezept von Familie zu Familie, von Garten zu Garten und von Jahreszeit zu Jahreszeit, aber Schweinefleisch, weiße Bohnen und Wurzelgemüse sind immer mit von der Partie. Eine Freundin, die in ihrer Kindheit in Galicien auf dem Land lebte, zeigte mir, wie dieser Eintopf traditionellerweise gegessen wird: Zuerst werden alle festen Teile aus der Brühe gefiltert und die Flüssigkeit pur serviert, um den Appetit anzuregen. Fleisch, Bohnen und Gemüse werden später gereicht. Ob Sie das Ganze nun in mehreren Gängen oder als Eintopf in einer Schüssel servieren: *Caldo gallego* ist eine sättigende und sehr nahrhafte Mahlzeit.

....

Die Bohnen in eine Schüssel geben und 2,5 Zentimeter hoch mit kaltem Wasser bedecken. Das Backnatron unterrühren, die Schüssel mit einem sauberen Geschirrtuch abdecken und die Bohnen 8–24 Stunden einweichen lassen. Dann durch ein Sieb abgießen und gründlich spülen.

In einem Schmortopf das Olivenöl bei mittlerer bis hoher Hitze erhitzen. Knoblauch und Zwiebel etwa 6 Minuten darin anschwitzen, bis sie aromatisch duften. Die Schweinshachse dazugeben und auf allen Seiten scharf anbraten.

Fortsetzung auf Seite 107

Fortsetzung von Seite 105

Die Hitze etwas reduzieren und die eingeweichten Bohnen sowie die Lorbeerblätter zum Fleisch geben. 1 Liter Wasser angießen, den Deckel auflegen und das Fleisch in etwa 2 Stunden gar köcheln, bis es sich leicht vom Knochen lösen lässt und die Knochen mürbe sind.

Sobald Schweinshachse und Bohnen eine schöne, reichhaltige Brühe gebildet haben, die Chorizoscheiben und Kartoffelwürfel hineingeben. Alles mindestens weitere 20 Minuten schmoren, bis die Kartoffeln gar sind. Dann die Steckrübenwürfel unterrühren.

Das Steckrübengrün auf ein Schneidebrett legen und die harten Stängel abschneiden. Das Grün grob hacken, in den Eintopf geben und zugedeckt 5–10 Minuten mitkochen, bis alles weich ist.

Den Herd abschalten. Die Schweinshachse mit der Küchenzange auf ein Küchenbrett heben. Das Fleisch vom Knochen lösen, mit einer Gabel in mundgerechte Stücke zerteilen und zurück in den Topf geben. Knochen und optional Haut entsorgen.

Den Eintopf mit Salz abschmecken, in tiefe Teller füllen und nach Belieben mit Olivenöl beträufelt servieren.

Ochsenschwanz-Eintopf

Für 8 Personen

300 g getrocknete weiße Bohnen, verlesen und gründlich gespült

¼ TL Backnatron

1,8 kg Ochsenschwanzstücke

1 TL feines Meersalz, plus etwas extra zum Abschmecken

½ TL frisch gemahlener schwarzer Pfeffer

2 EL kalt gepresstes Olivenöl

240 g Bacon (oder anderer geräucherter Schinkenspeck Ihrer Wahl), fein gehackt

3 Zehen Knoblauch, geschält und gehackt

4 Stangen Staudensellerie, in Würfel geschnitten

3 Karotten, geschält und in Würfel geschnitten

4 EL Tomatenmark

480 ml trockener Rotwein

2 Dosen stückige geschälte Tomaten (à 400 g)

2 Lorbeerblätter

12 Perlzwiebeln, geschält

Ochsenschwanz ist ein preiswerter Fleischabschnitt und ergibt einen schmackhaften, reichhaltigen Fond. Weil sein natürlicher, kräftiger Geschmack alle subtilen, leichten Aromen überlagert, braucht er Begleiter, die es mit seiner Intensität aufnehmen können. Tomaten, Knoblauch, Speck und Zwiebeln erfüllen in diesem klassischen Eintopf diesen Zweck. Weiße Bohnen sorgen für die nötige Stärke in dieser sättigenden und reichhaltigen Mahlzeit.

....

Am Vortag die Bohnen in eine Schüssel füllen und so viel warmes Wasser angießen, dass es 5 Zentimeter hoch über den Bohnen steht. Das Backnatron unterrühren und die Schüssel mit einem dicht schließenden Deckel (oder einem sauberen Geschirrtuch) abdecken. Die Bohnen 12–18 Stunden einweichen lassen. Dann durch ein Sieb abgießen und gründlich spülen.

Die Ochsenschwanzstücke mit Salz und Pfeffer bestreuen.

In einem Schmortopf bei mittlerer Hitze das Olivenöl erhitzen. Die Ochsenschwanzstücke portionsweise jeweils etwa 4 Minuten pro Seite darin anbraten, herausnehmen und auf einer Platte ruhen lassen.

Den Bacon im heißen Öl in etwa 8 Minuten kross anbraten. Knoblauch, Staudensellerie und Karotten dazugeben und etwa 6 Minuten braten, bis sie aromatisch duften. Die Ochsenschwanzstücke hinzufügen und Tomatenmark, Rotwein sowie Tomaten unterrühren. Die Lorbeerblätter dazugeben und alles bei aufgelegtem Deckel etwa 3 Stunden schmoren, bis das Fleisch durchgegart ist und sich leicht von den Knochen lösen lässt.

Die Perlzwiebeln sowie die eingeweichten Bohnen unterrühren und zugedeckt 30–45 Minuten mitgaren, bis die Bohnen weich sind.

Die Lorbeerblätter entfernen, den Eintopf abschließend mit Salz abschmecken und auf Suppenteller verteilt servieren.

Rinderbeinscheiben mit Knoblauch & Basilikum

Für 6 Personen

2 EL Olivenöl

1,8 kg Rinderbeinscheiben

4 Knoblauchknollen,
die Zehen geschält und
zerstoßen

1 Gemüsezwiebel, geschält
und fein gehackt

3 Stangen Staudensellerie, in
Würfel geschnitten

3 Karotten, geschält und in
Würfel geschnitten

ausgepresster Saft und
abgeriebene Schale von
1 Bio-Orange

2 Lorbeerblätter

1 Handvoll frisches
Basilikum, gehackt, zum
Garnieren

Wie die meisten günstigen Fleischstücke sind auch Beinscheiben vom Rind unglaublich hart, aber sehr aromatisch. Das langsame Schmoren macht das Fleisch wunderbar zart und sorgt für eine schmackhafte Brühe. Olivenöl, Knoblauch und Basilikum passen hervorragend dazu, und die frische Orange ist eine ungewöhnliche, aber pfiffige Ergänzung. Der Eintopf hat am nächsten Tag noch mehr Geschmack und lässt sich hervorragend aufwärmen. Im Kühlschrank können Sie ihn bis zu drei Tage, im Tiefkühlfach bis zu einen Monat aufbewahren.

. . . .

Den Backofen auf 180 °C vorheizen.

In einem Schmortopf bei mittlerer Hitze das Olivenöl erhitzen. Die Rinderbeinscheiben darin etwa 6 Minuten auf jeder Seite anbraten, dann herausnehmen.

Knoblauch, Zwiebel, Sellerie und Karotten in den Schmortopf geben und etwa 4 Minuten braten, bis sie aromatisch duften.

Die Hitze etwas reduzieren und die Rinderbeinscheiben zurück in den Schmortopf geben. Orangensaft und -schale unterrühren, dann Lorbeerblätter und 720 Milliliter Wasser hinzufügen.

Bei aufgelegtem Deckel in den Ofen stellen und die Beinscheiben in etwa 3,5 Stunden garen, bis das Fleisch zart ist. Die Lorbeerblätter entfernen.

Das Gericht mit Basilikum bestreuen und heiß servieren.

Bohnensuppe mit knusprig gebratenem Speck

Für 8 Personen

400 g getrocknete weiße Bohnen, verlesen und gewaschen

¼ TL Backnatron

1 TL Butter

240 g Bacon (oder anderer geräucherter Schinkenspeck Ihrer Wahl), in 6 mm große Würfel geschnitten

1 Gemüsezwiebel, in 6 mm große Stücke gehackt

3 Stangen Staudensellerie, gehackt

2 Karotten, geschält und gehackt

1,5 l *Lange köchelnde Brühe aus gerösteten Schweineknochen* (Rezept auf Seite 36)

4 EL Tomatenmark

feines Meersalz

Schon als Kind habe ich mir Suppe aus weißen Bohnen und geräuchertem Speck schmecken lassen, nur kam sie damals aus der Dose. Ich mochte es, wie die Bohnen auseinanderfielen und eine sämige, cremige Suppe bildeten. Bacon und weiße Bohnen ergänzen sich prächtig, weil die Rauchnote des Specks einen schönen Gegensatz zu den milden, fettarmen Hülsenfrüchten bildet. Wie auf dem Foto gezeigt, können Sie die fertige Suppe noch mit ein paar knusprig angebratenen Speckwürfeln garnieren.

....

Am Vortag die Bohnen in eine Schüssel geben und so viel warmes Wasser angießen, dass es 5 Zentimeter hoch über den Bohnen steht. Das Backnatron einrühren. Die Schüssel mit einem dicht schließenden Deckel oder einem sauberen Geschirrtuch abdecken und die Bohnen für 18–24 Stunden einweichen.

Die Bohnen durch ein feinmaschiges Sieb abgießen und gut spülen.

Die Butter in einem Suppentopf bei mittlerer bis hoher Hitze zerlassen. Die Baconwürfel darin in etwa 8 Minuten knusprig anbraten.

Zwiebel, Sellerie und Karotten dazugeben und zusammen mit dem Bacon etwa 6 Minuten schmoren lassen, bis das Gemüse sein Aroma freisetzt.

Die eingeweichten Bohnen, die Brühe sowie das Tomatenmark einrühren. Die Hitze etwas reduzieren und die Suppe 1,5–2 Stunden lang köcheln lassen, bis die Bohnen weich sind. Dabei gelegentlich umrühren.

Alles mit dem Pürierstab oder der Flotten Lotte grob pürieren, bis etwa die Hälfte der Bohnen zermust ist und die Suppe eine cremige Konsistenz hat. Dann das Ganze mit Salz abschmecken.

Die Suppe auf tiefe Teller verteilen und heiß servieren.

Rauchige Augenbohnen-Suppe

Für 8 Personen

200 g getrocknete Augenbohnen, verlesen und gewaschen

¼ TL Backnatron

2 EL fetter Speck

3 Karotten, geschält und gehackt

4 Stangen Staudensellerie, gehackt

1 Gemüsezwiebel, geschält und gehackt

2 TL geräuchertes Paprikapulver

½ TL Cayennepfeffer

1,5 l *Lange köchelnde Brühe aus gerösteten Schweineknochen* (Rezept auf Seite 36)

1 Bund Palmkohl, grob gehackt

feines Meersalz

Schweinefleisch, Augenbohnen und Kohl bilden ein unschlagbares Team. Diese Suppe gibt es bei uns an Neujahr, denn ein alter Brauch besagt, dass diese Zutaten Glück bringen. Wenn sich Schweine draußen durch dichtes Gestrüpp wühlen, bedeutet das Vorankommen, und Augenbohnen symbolisieren traditionellerweise Münzen, stehen also für Reichtum. In dieser Suppe köcheln sie in einer herzhaften Brühe aus gerösteten Schweineknochen. Geräuchertes Paprikapulver und Cayennepfeffer sorgen für einen Extrakick.

....

Am Vortag die Augenbohnen in eine Schüssel geben und so viel warmes Wasser angießen, dass es 2,5 Zentimeter hoch über den Bohnen steht. Das Backnatron einrühren und die Bohnen für 12–24 Stunden abgedeckt einweichen. Dann durch ein feinmaschiges Sieb abgießen und gründlich spülen.

Den Speck in einem Suppentopf bei mittlerer bis hoher Hitze zerlassen. Karotten, Sellerie und Zwiebel darin etwa 8 Minuten anschwitzen, bis alles duftet. Paprikapulver und Cayennepfeffer unterrühren und alles für weitere 2 Minuten braten.

Die Brühe sowie die eingeweichten Bohnen unterrühren. Die Hitze etwas reduzieren und die Bohnen bei geschlossenem Deckel für etwa 70 Minuten köcheln lassen, bis sie weich sind.

Den Palmkohl zu den Bohnen geben und die Suppe weitere 15 Minuten köcheln lassen, bis der Kohl vollständig zusammengefallen und zart ist.

Das Gericht mit Salz abschmecken und servieren.

Pintobohnen mit Eisbein

Für 8 Personen

600 g getrocknete Pinto-
bohnen, verlesen und
gründlich gespült

¼ TL Backnatron

1 EL Schweineschmalz (oder
fetter Speck)

1 weiße Zwiebel, geschält
und gehackt

2 geräucherte Eisbeine,
etwa 1 kg

feines Meersalz

Meine eindringlichste Küchenerinnerung an meine Großmutter
ist, wie sie hastig im Vorbeigehen ein mit Margarine bestrichenes
Weißbrot verspeiste. Trotz fehlender kulinarischer Ambitionen
kochte sie aber immerhin ein Gericht ausgesprochen gut:
Pintobohnen mit Eisbein. Aufgrund der begrenzten Zutaten und der
einfachen Zubereitung ist dieser Eintopf ideal für Küchenneulinge
und bei Zeitmangel. Die Kombination aus der Würzigkeit des
Schweinefleischs und dem erdigen Geschmack der Hülsenfrüchte
ergibt eine sättigende, schmackhafte Mahlzeit.

....

Am Vorabend die Pintobohnen in eine Schüssel geben und so viel
warmes Wasser angießen, dass es 5 Zentimeter hoch über den Bohnen
steht. Das Backnatron unterrühren und die Bohnen 8–18 Stunden
einweichen. Dann in ein Sieb schütten und gründlich spülen.

In einem Suppentopf bei mittlerer Hitze das Schmalz (oder den Speck)
zerlassen. Die Zwiebel etwa 8 Minuten darin glasig anschwitzen, bis
sie duftet. Die Eisbeine in den Topf geben und dann die Bohnen
dazugeben. So viel Wasser angießen, dass es 5 Zentimeter hoch über
den Zutaten steht. Den Deckel auflegen und Fleisch sowie Bohnen bei
niedriger bis mittlerer Hitze etwa 3 Stunden garen, bis die Bohnen
weich sind und das Fleisch sich leicht von den Knochen lösen lässt.

Die Eisbeine herausnehmen und auf Handwärme abkühlen lassen.
Alles Fleisch von den Knochen zupfen (die Schwarte und Knochen
optional entsorgen) und unter die Bohnen rühren.

Den Eintopf mit Meersalz abschmecken, auf Suppenschalen verteilen
und servieren.

Eintopf mit geschmorter Schweineschulter & Süßkartoffeln

Für 6 Personen

ausgepresster Saft und
abgeriebene Schale von
2 Bio-Limetten, plus ein paar
Limettenspalten extra zum
Servieren

2 TL feines Meersalz

1 TL Chilipulver

1 TL gemahlener
Kreuzkümmel

½ TL Chipotle-Pulver (aus
geräucherten Jalapeños)

1 Schweineschulter inklusive
Knochen (etwa 2 kg)

1 EL Schweineschmalz

480 ml Bier

2 Ancho-Chilischoten

2 weiße Zwiebeln, geschält
und in Viertel geschnitten

8 Zehen Knoblauch, geschält
und zerdrückt

450 g Süßkartoffeln, geschält
und in 2,5 cm große Würfel
geschnitten

Im Gegensatz zu fettem Eisbein oder Schweinebauch ist Schweineschulter mager und nährstoffreich. Wie jedes magere Stück profitiert sie von langem und langsamem Garen bei niedriger Hitze und liefert so zubereitet wunderbar zartes Fleisch. Für dieses Rezept verwende ich Schweineschmalz – ein weiches, weißes Fett, dessen Fettsäurenprofil dem der Avocado oder des Olivenöls ähnelt. Schmalz aus dem Fett frei laufender Schweine ist zudem reich an Vitamin D. Verwenden Sie beispielsweise das aufbewahrte Fett der *Lange köchelnden Brühe aus gerösteten Schweineknochen* (Rezept auf Seite 36). Sie können das Schmalz aber auch durch Olivenöl ersetzen.

....

Limettenabrieb, Meersalz, Chilipulver, Kreuzkümmel sowie Chipotle-Pulver in einer kleinen Schüssel miteinander verrühren und die Schweineschulter rundum damit einreiben.

Das Schmalz in einem Schmortopf bei mittlerer bis hoher Hitze zerlassen. Die Schweineschulter darin jeweils 3 Minuten pro Seite scharf anbraten. Die Hitze etwas reduzieren, das Bier angießen, die Ancho-Chilischoten dazugeben und den Deckel auflegen. Die Schweineschulter etwa 3 Stunden köcheln lassen, bis sich das Fleisch mühelos mit einer Gabel leicht vom Knochen lösen lässt.

Zwiebeln, Knoblauch und Süßkartoffeln rund um die Schweineschulter in den Topf legen. Wieder abdecken und alles weitere 45 Minuten köcheln lassen, bis das Gemüse durchgegart ist.

Den Limettensaft unterrühren, und den Eintopf dampfend heiß servieren. Dazu frische Limettenspalten reichen.

Würziger Lamm-Eintopf mit Kichererbsen

Für 6 Personen

200 g getrocknete Kicher-
erbsen, verlesen

¼ TL Backnatron

2 TL gemahlener Kreuz-
kümmel

2 TL gemahlene Koriander-
samen

1 TL Ingwerpulver

1 TL Paprikapulver

1 TL gemahlene Kurkuma

½ TL frisch gemahlener
schwarzer Pfeffer

½ TL Cayennepfeffer

¼ TL gemahlener Zimt

½ TL Piment

1 TL feines Meersalz

2 Lammschenkel (etwa
1,3 kg)

2 EL kalt gepresstes Olivenöl

1 große Gemüsezwiebel,
geschält und in Achtel
geschnitten

4 Karotten, geschält und
in mundgerechte Stücke
geschnitten

2 große, mehligkochende
Kartoffeln, geschält und
in mundgerechte Stücke
geschnitten

180 g entkernte Datteln,
gehackt

1 Dose stückige geschälte
Tomaten (400 g)

30 g frische glatte Petersilie,
gehackt, zum Garnieren

Jedes Jahr bestelle ich bei Landwirten, die ihre Tiere auf der Weide halten, ein ganzes Lamm. Das Grasen auf den Weiden verbessert die Fleischqualität. Dadurch, dass ich gleich ein ganzes Lamm kaufe und nicht ausgesuchte Stücke, ist der Preis erschwinglich und meine Familie gut versorgt. Aber wir haben natürlich auch ungewöhnlichere Teile wie beispielsweise Lammschenkel zu verwerten. Dieses Rezept lernte ich in meinem Sommer in Marokko kennen. Ich serviere dazu gern einen Salat aus Gurken und Tomaten mit einem Dressing aus Olivenöl, Zitrone und Petersilie.

....

Am Vortag die Kichererbsen in eine ausreichend große Schüssel geben und so viel warmes Wasser angießen, dass es 5 Zentimeter hoch über den Kichererbsen steht. Das Backnatron einrühren. Die Kichererbsen mit einem sauberen Geschirrtuch abdecken und 12–18 Stunden einweichen. Dann durch ein Sieb abgießen und gründlich spülen.

Die Gewürze sowie das Salz in einer kleinen Schüssel vermischen und die Lammschenkel auf allen Seiten gründlich damit einreiben.

In einem Schmortopf bei hoher Hitze das Olivenöl erhitzen und die Lammschenkel jeweils etwa 6 Minuten pro Seite scharf darin anbraten.

Die Hitze etwas reduzieren und Zwiebel, Karotten, Kartoffeln, Kicher-erbsen, Datteln sowie Tomaten um die Lammschenkel herum ver-teilen. 1,5 Liter kaltes Wasser angießen und den Deckel auflegen. Alles etwa 2 Stunden garen, bis das Fleisch zart ist und sich leicht von den Knochen löst.

Den Eintopf auf Suppenteller verteilen und mit frischer Petersilie garniert servieren.

Kapitel 5

Fisch & Meeresfrüchte

Meine Liebe zu Meeresfrüchten beginnt beim Chowder. Im Winter koche ich üppige Muschelsuppen mit Sahne, im Sommer bevorzuge ich leichtere Varianten mit Mais, Garnelen und frischen scharfen Jalapeños. Am Meer gibt es spezielle traditionelle Fisch- und Muschelsuppen, die häufig mit Algen verfeinert werden. Zu meinen Lieblingszutaten gehört Misopaste, die einfach untergerührt wird.

Fische und Meeresfrüchte sind zarte Wesen und müssen bzw. dürfen nicht so lange gekocht werden wie die Zutaten für Rinder- und Geflügelbrühen. Fisch- und Meeresfrüchtefonds sind meist in weniger als einer Stunde fertig. Sie unterstreichen die Leichtigkeit und Zartheit von Chowders & Co.

Und *Dashi*, ein traditioneller japanischer Fischsud, kann darin gekochtem Gemüse eine unglaublich herzhafte Note verleihen.

Nachhaltiger Fischfang und artgerechte Zucht

Fische und Meeresfrüchte sind reich an Omega-3-Fettsäuren, die das Herz-Kreislauf-System, das Fortpflanzungssystem sowie die emotionale und kognitive Gesundheit stärken. Zudem enthalten sie Vitamine sowie Mineralstoffe wie Eisen und Selen. Angesichts der zunehmenden Verschmutzung der Ozeane scheint es allerdings fast unmöglich, noch hochwertige unbelastete Fische und Meeresfrüchte aus nachhaltiger Fischerei zu bekommen. Und vielleicht fragen Sie sich, ob man überhaupt noch Fisch essen sollte, wenn doch fast alle Gewässer verschmutzt und so viele Fischarten bedroht sind. Doch es gibt Hoffnung. Umwelt- und Naturschutzmaßnahmen in vielen Fischereizonen führen dazu, dass einige Fischarten nicht nur ökologisch nachhaltig gefangen werden, sondern auch weniger stark belastet sind.

Je jünger der Fisch, umso weniger Zeit bleibt Umweltgiften, um sich in Fleisch, Gräten und Fett des Tieres anzureichern – deshalb sind kleine, fettreiche Arten wie Sardinen und Sardellen eine gute Wahl. Auch Lachs, Seezunge und Makrele enthalten wenig Schwermetalle. Von Natur aus artenreiche Fischereigebiete und verantwortungsvoll geführte Fischzuchten sind exzellente Quellen für nicht bedrohte Arten. Weil Fischerei in Alaska nach wie vor oft sehr umsichtig und nachhaltig betrieben wird, sind wild gefangene Arten wie Wildlachs, Heilbutt, Kabeljau und Schwarzer Zackenbarsch aus Alaska zu empfehlen. Verantwortungsvoll gezüchtete Meeresfrüchte wie Austern, Venusmuscheln und Miesmuscheln sind ebenfalls nachhaltige Optionen, die zudem reich an Mikronährstoffen wie Eisen und Vitamin D sind, was Knochen, Fruchtbarkeit und Immunsystem stärkt.

Die Webseite *seafoodwatch.org* des Monterey Bay Aquariums informiert über umweltfreundlichen Fischfang auf der ganzen Welt, und das National Resources Defense Council (*nrdc.org*) führt eine Liste über den Quecksilbergehalt verschiedener Fischarten. Auf der Seite 172 finden Sie weitere nützliche Tipps für einen umweltbewussten Fischeinkauf.

Rosa-Garnelen-Chowder

Für 6 Personen

1 EL Butter

120 g Bacon (oder anderer geräucherter Schinkenspeck Ihrer Wahl), in 6 mm große Stücke geschnitten

1 Gemüsezwiebel, geschält und in 6 mm große Würfel geschnitten

4 Stangen Staudensellerie, in 6 mm große Würfel geschnitten

350 g rote Kartoffeln, geschält und in 6 mm große Würfel geschnitten

720 ml *Fischfond* (Rezept auf Seite 37) oder *Fond aus Krustentieren* (Rezept auf Seite 40)

2 Lorbeerblätter

abgeschabte Körner von 2 frischen Maiskolben (die Kolben beiseitegelegt)

1 Jalapeñoschote, von den Kernen befreit, dünn geschnitten

350 g frische (oder tiefgekühlte) Oregon-Tiefseegarnelen, gepult

225 g Crème double

Oregon-Tiefseegarnelen sind kleine, höchstens 1,25 Zentimeter lange Krustentiere. Fischer fangen sie dicht über dem Meeresboden mit Schleppnetzen, die spezielle Vorrichtungen zur Reduzierung der Beifänge haben, um schwerwiegende Schäden zu vermeiden. Da durch die Netze andere Tiere entwischen können, ist diese Methode der Garnelenfischerei umweltschonend. Rosa Garnelen sind derart winzig, dass man mit jedem Löffel Chowder jede Menge von ihnen abbekommt. Ihr süßlich-salziger Geschmack harmoniert wunderbar mit frischem Mais.

. . . .

In einem Suppentopf bei mittlerer Hitze die Butter zerlassen, bis sie schäumt. Den Bacon dazugeben und in etwa 8 Minuten knusprig darin anbraten (dabei falls nötig umrühren, damit er nicht anbrennt).

Den Bacon mit einem Schaumlöffel in eine Schüssel heben (dabei möglichst viel Fett im Topf belassen).

Die Hitze unter dem Suppentopf etwas reduzieren. Die Zwiebel- und Selleriewürfel in den Topf geben und etwa 6 Minuten anbraten, bis sie duften und weich sind. Die Kartoffelwürfel hinzufügen und dann den Fischfond angießen. Die Lorbeerblätter sowie die Maiskolben in den Topf geben und alles bei geschlossenem Deckel etwa 25 Minuten köcheln lassen, bis die Kartoffeln durchgegart sind.

Maiskörner, Jalapeño und Garnelen in die Suppe rühren. Den Deckel wieder auflegen und die Suppe nochmals etwa 10 Minuten köcheln lassen, bis der Mais weich ist. Dann den gebratenen Bacon und die Crème double unterrühren. Die Kolben vor dem Servieren aus der Suppe entfernen.

Den Chowder auf Suppenschalen verteilen und sofort servieren.

Seafood-Eintopf mit zitronigem Petersilienpesto

Für 6 Personen

Für das Pesto

2 Zehen Knoblauch, geschält
und zerstoßen

1 gute Handvoll frische
Petersilie, gehackt

30 g Pinienkerne

2 EL Bio-Zitronenschale,
frisch abgerieben

120 ml kalt gepresstes
Olivenöl

Für den Eintopf

3 EL Olivenöl

1 Gemüsezwiebel, geschält
und fein gehackt

6 Zehen Knoblauch, geschält
und fein gehackt

½ TL rote Chiliflocken, im
Mörser zerstoßen

1 Dose stückige geschälte
Tomaten (400 g) oder 300 g
frische Tomaten, gehäutet
und gewürfelt

450 g Baby-Kartoffeln,
geschält

120 ml trockener Weißwein

2 Lorbeerblätter

480 ml *Fischfond* (Rezept auf
Seite 37)

350 g Filets vom Schwarzen
Zackenbarsch (ohne Haut)

je 12 Miesmuscheln und
12 Venusmuscheln, geputzt
und von den Bärten
befreit, nicht einwandfreie
Exemplare aussortiert

450 g Garnelen (Spot-
Shrimps), nicht geschält

Ich liebe herzhafte Fischeintöpfe. Dieser hier wird nicht nur mit zartem Fisch, sondern auch mit jeder Menge Muscheln sowie Garnelen zubereitet und mit zitronigem Petersilienpesto kombiniert. Ich serviere ihn gern im Frühherbst, wenn es noch erntefrische Tomaten gibt, die Abende schon frisch sind und man Appetit auf etwas Sättigendes und Wärmendes hat. Das Wichtigste bei diesem Rezept ist, alles ohne Umrühren köcheln zu lassen, weil ansonsten der zarte Barsch auseinanderfallen würde. Schließlich möchte man ja schöne, saftige Fischstücke im Eintopf haben.

....

Für das Pesto die angegebenen Zutaten (bis auf das Öl) in den Küchenmixer geben und durch zweimaliges Pulsieren zerkleinern. Zügig weitermixen und dabei das Olivenöl in einem sanften Strahl einlaufen lassen. Sobald alles zu einer stückigen Paste verarbeitet ist, das Pesto in eine kleine Schüssel füllen und beiseitestellen.

Für den Eintopf in einem Schmortopf bei mittlerer Hitze das Olivenöl erhitzen. Sobald es leicht zu rauchen beginnt, Zwiebel, Knoblauch und Chiliflocken etwa 8 Minuten darin anschwitzen, bis die Mischung aromatisch duftet und die Zwiebel glasig ist. Die Hitze etwas reduzieren, Tomaten, Kartoffeln, Weißwein und Lorbeerblätter dazugeben und den Fischfond angießen. Bei aufgelegtem Deckel etwa 20 Minuten köcheln lassen, bis die Kartoffeln gar sind.

Die Fischfilets auf die Kartoffeln legen. Die Muscheln und Garnelen darüber verteilen. Den Deckel wieder auflegen und alles etwa 8 Minuten (ohne Umrühren!) köcheln lassen, bis Fisch sowie Garnelen auf den Punkt gar sind und die Muscheln sich geöffnet haben. Muscheln, die sich beim Kochen nicht geöffnet haben, aussortieren und wegwerfen.

Zum Anrichten die heiße Fischsuppe auf Essschalen verteilen und jeweils mit einem Klecks Pesto gekrönt servieren.

Lachs-Sellerie-Kartoffel-Chowder mit Rotalge

Für 6 Personen

1 Stange Lauch (Wurzelende und harte grüne Teile beiseitegelegt)

2 Zweige frischer Thymian

2 Lorbeerblätter

2 TL ganze schwarze Pfefferkörner

2 EL Butter

1 TL feines Meersalz

½ TL weißer Pfeffer aus der Mühle

1 kleine Knolle Sellerie, gehackt

350 g rote Kartoffeln, geschält und gehackt

1 l *Algenbrühe* (Rezept auf Seite 47)

350 g Filets vom Alaska-Wildlachs ohne Haut, in 2,5 cm große Stücke geschnitten

30 g Dulse (Rotalge), eingeweicht und in Stücke geschnitten

225 g Crème double

Meeresalgen wie Dulse sind mit ihren dunklen Blättern und ihrem gleichzeitig salzigen und leicht süßlichen Geschmack eine wichtige Zutat in der traditionellen irischen Küche. Die Algen liefern wertvolle Mineralstoffe, insbesondere Jod, das die Schilddrüsenfunktion stärkt. In Kombination mit Lachs, Crème double und Kartoffeln ergeben sie eine vollständige Mahlzeit in Form dieses milden und unglaublich leckeren Chowders, der zu unseren Lieblingsgerichten zählt. Ich verwende für das Rezept *Algenbrühe* statt Fischfond. Dazu gibt es knuspriges Vollkorn-Sauerteigbrot.

....

Lauchwurzelende und -grün mit Thymian, Lorbeerblättern und Pfefferkörnern in ein Kräutersäckchen aus reiner Baumwolle füllen (oder in ein Mulltuch wickeln und dieses zusammenbinden).

Den weißen und hellgrünen Teil der Lauchstange längs halbieren und in etwa 1,25 Zentimeter dicke, halbrunde Scheiben schneiden.

In einem Schmortopf bei mittlerer Hitze die Butter zerlassen. Sobald sie zu schäumen beginnt, den klein geschnittenen Lauch einrühren. Die Hitze etwas reduzieren und den Lauch mit Salz und weißem Pfeffer würzen. Den Deckel auflegen und den Lauch etwa 8 Minuten garen.

Sellerie und Kartoffeln unter den Lauch rühren und die Brühe angießen. Das Lauch-Kräuter-Bündel dazugeben und alles etwa 20 Minuten köcheln lassen, bis die Kartoffeln fast durchgegart sind.

Lachs und Algen hinzufügen und ohne umzurühren köcheln lassen, bis der Lachs auf den Punkt gar ist (etwa 10 Minuten).

Den Herd abschalten und das Kräuterbündel aus dem Topf nehmen. Den Chowder mit Meersalz abschmecken und die Crème double unterrühren. Das Gericht sofort servieren.

Warum ist Alaska-Wildlachs eine gute Wahl?

Alaskas unberührte Gewässer bieten unzähligen Fischern, die hier Wildlachs fangen, eine Lebensgrundlage. In diesen nachhaltig bewirtschafteten Fischgründen wird der Fang saisonal geregelt und generell limitiert, damit die Wildlachspopulationen gedeihen können. Alaskas rücksichtsvolle Bewirtschaftung seiner Gewässer und der Fische, die darin schwimmen, gelten in aller Welt als Vorzeigemodell für umweltfreundliche Fischerei.

Gezüchteter Lachs hingegen stellt eine Gefahr für die Meeresökologie dar. In Lachsfarmen werden die Fische auf dem offenen Meer in engen Käfigen eingesperrt. Ihre Exkremente lassen Algen wuchern, die wiederum durch die Meeresströmung verteilt und anderswo angehäuft werden, wodurch sie eine Gefahr sowohl für Zucht- als auch für Wildfische darstellen. Je dichter gedrängt Fische gehalten werden, umso leichter verbreiten sich Krankheiten. Und um Seuchen in Zuchtsystemen zu vermeiden, werden in Aquakulturen nicht selten Antibiotika eingesetzt. Diese gelangen dann ins Meer, wo sie von Fischen, Meeressäugetieren und anderen Organismen aufgenommen werden.

Zuchtlachse bekommen zudem industriell gefertigtes Futter, das mit Farbstoffen versetzt ist, damit das Fleisch der Fische die orangerosa Färbung annimmt, die der Wildlachs durch seine abwechslungsreiche natürliche Ernährung erhält. Außerdem können sich in den Netzsystemen der Lachsfarmen Robben, Seelöwen und Delfine verfangen und einen unnötigen Tod sterben.

Kaufen Sie daher nach Möglichkeit leinengefangenen Lachs. Bei dieser traditionellen Fischereimethode wird jedes Tier einzeln geangelt und mit Sorgfalt behandelt, wodurch es auch keine Quetschungen erleidet, die das Fleisch beeinträchtigen könnten. Weitere Tipps zum umweltbewussten Einkauf von Fisch und Meeresfrüchten finden Sie auf Seite 172.

New England Clam Chowder

Für 6 Personen

1 EL Butter

60 g Bacon (oder anderer geräucherter Schinkenspeck Ihrer Wahl), in 6 mm große Stücke geschnitten

1 kleine Gemüsezwiebel, geschält und gehackt

4 Stangen Staudensellerie, gehackt

450 g festkochende Kartoffeln, geschält und in 1,5 cm große Stücke geschnitten

1 Lorbeerblatt

1 l *Fischfond* (Rezept auf Seite 37)

2 gute Handvoll gegartes Venusmuschelfleisch, gehackt

1 TL frisch gemahlener weißer Pfeffer

2 TL frischer Thymian, gehackt

2 TL frische Petersilie, gehackt

450 g Crème double

feines Meersalz

Ich hasse breiige, mit Mehl angedickte Suppen, aber ich liebe diesen schlichten, cremigen Chowder, der mit einem Klecks Crème double und ein paar Kartoffeln arbeitet, um den Fond zu binden. Dieser Eintopf ist der Favorit meines Sohnes, dazu gibt es frisch gebackene Vollkornbrötchen.

....

Die Butter in einem Suppentopf bei mittlerer Hitze zerlassen. Sobald sie zu schäumen beginnt, den Speck einrühren und in etwa 8 Minuten knusprig anbraten. Die Zwiebel sowie den Staudensellerie dazugeben und etwa 6 Minuten mitschmoren, bis die Mischung aromatisch duftet.

Die Kartoffeln sowie das Lorbeerblatt hinzufügen, alles mit dem Fischfond aufgießen und bei aufgelegtem Deckel etwa 30 Minuten köcheln, bis die Kartoffeln gar sind und sich mühelos mit einer Gabel zerteilen lassen.

Die Muscheln unterheben und etwa 4 Minuten mitgaren. Dann Pfeffer, Thymian, Petersilie sowie Crème double einrühren und das Ganze mit Salz abschmecken.

Den Chowder auf Suppenteller verteilen und heiß genießen.

Klarer Rhode-Island-Chowder

Für 6 Personen

2 Lorbeerblätter

3 Zweige frischer Thymian

1 EL ganze schwarze Pfefferkörner

1 EL Butter

240 g Bacon (oder anderer geräucherter Schinkenspeck Ihrer Wahl), in 6 mm große Stücke geschnitten

1 kleine Zwiebel, geschält und gehackt

4 Stangen Staudensellerie, gehackt

1,5 l *Fischfond* (Rezept auf Seite 37)

450 g rote Kartoffeln, geschält und gehackt

2 gute Handvoll gegartes Venusmuschelfleisch, gehackt

Mein Mann verbrachte den größten Teil seiner Kindheit auf Rhode Island, er wuchs also mit der salzigen Meeresluft und typischen Küstengerichten wie gebratenen Venusmuscheln und Chowders auf. Bei einem Besuch in seinem Heimatort machten wir an einem Fischlokal halt, in dem ich diese leckere Muschelsuppe kennenlernte. Anders als mein *New England Clam Chowder* (Rezept auf Seite 134) oder ein klassischer *Manhattan Clam Chowder* besteht die Rhode-Island-Variante aus wenig mehr als schlicht und ergreifend Venusmuscheln, Kartoffeln, Fond und Speck. Dieses Rezept wirkt fast schon bescheiden, aber gerade seine Schlichtheit bringt jede einzelne Zutat besonders zur Geltung.

…………

Lorbeerblätter, Thymianzweige und Pfefferkörner in ein Kräutersäckchen aus reiner Baumwolle füllen (oder in ein Mulltuch wickeln und dieses mit Küchengarn zubinden).

In einem Suppentopf die Butter bei mittlerer Hitze zerlassen. Sobald sie zu schäumen beginnt, den Bacon in etwa 8 Minuten darin knusprig anbraten.

Zwiebel sowie Sellerie unterrühren und etwa 6 Minuten anschwitzen, bis sie weich sind und duften.

Den Fischfond einrühren und aufköcheln lassen, dann die Kartoffeln dazugeben. Das Kräutersäckchen hinzufügen und den Deckel auflegen. 20–30 Minuten köcheln lassen, bis die Kartoffeln durchgegart sind.

Das Muschelfleisch unterrühren und kurz (nur etwa 4 Minuten) mitköcheln lassen, bis sie gerade eben warm, aber nicht gummiartig fest sind.

Das Kräutersäckchen herausnehmen. Das Gericht auf Suppenteller verteilen und heiß servieren.

Thailändische scharfe Garnelensuppe
(Tom Yam Gung)

Für 4 Personen

3 Thai-Chilischoten, zerdrückt

1 Stück Ingwer (2,5 cm), geschält und in 3 mm dünne Scheiben geschnitten

1 Stängel Zitronengras (15 cm lang), von den äußeren Schichten befreit, in 3 mm dünne Scheiben geschnitten

3 Kaffirlimettenblätter

125 g Tomatenmark

1,5 l *Fond aus Krustentieren* (Rezept auf Seite 40)

2 Schalotten, geschält und in hauchdünne Ringe geschnitten

120 g Pilze Ihrer Wahl (am besten Reisstrohpilze), in dünne Scheiben geschnitten (höchstens 6 mm dick)

2 Roma-Tomaten, geviertelt

450 g Garnelen, geschält

2 EL Fischsauce

1 EL Palmzucker

ein paar Zweige frischer Koriander, zum Garnieren

ein paar Blätter frisches Thai-Basilikum, zum Garnieren

Bio-Limettenspalten, zum Servieren

Diese helle, frische Suppe ist eine perfekte Vorspeise und überrascht mit Ingwer, Zitronengras, Limette und einer Prise Thai-Chili wie ein Geschmacksfeuerwerk den Gaumen. Die scharfen und säuerlichen Noten werden durch einen Hauch Süße ausbalanciert. Thai-Chilis, Zitronengras und Kaffirlimettenblätter gibt es in vielen gut sortierten Supermärkten und Bioläden, für eine größere Auswahl zu günstigeren Preisen lohnt sich ein Besuch im Asialaden.

. . . .

Chilischoten, Ingwer, Zitronengras, Kaffirlimettenblätter sowie Tomatenmark in einen Suppentopf geben und mit der Brühe aufgießen. Bei mittlerer bis hoher Hitze zum Köcheln bringen und zugedeckt etwa 20 Minuten sieden lassen, bis die Brühe aromatisch duftet.

Die Brühe durch ein feinmaschiges Sieb in einen hitzebeständigen Krug gießen, den Siebinhalt entsorgen. Den Topf mit Küchenkrepp säubern.

Die gefilterte Brühe zurück in den Topf geben und bei mittlerer bis hoher Hitze auf den Herd stellen. Schalotten, Pilze, Tomaten und Garnelen dazugeben und etwa 8 Minuten garen, bis die Garnelen gar sind. Die Fischsauce sowie den Palmzucker einrühren und alles unter vorsichtigem Rühren köcheln lassen, bis der Palmzucker vollständig aufgelöst ist.

Das Gericht auf Suppenteller verteilen und mit Koriander, Thai-Basilikum und Limettenspalten garniert servieren.

Misosuppe mit Wakame

Für 4 Personen

1 l *Dashi* (Rezept auf Seite 39)

2 EL Instant-Wakame-Flocken

2 EL weiße Misopaste

4 Frühlingszwiebeln, in feine Ringe geschnitten

Misosuppe liefert eine wunderbare Kombination von süßen, pikanten sowie sauren Aromen. Sie ist fast eine Art Instantsuppe und annähernd so schnell fertig wie eine Tasse Tee. Viele Japaner beginnen ihren Tag mit Misosuppe, Reis und eingelegtem Gemüse. Traditionell fermentierte Misopaste ist besonders reich an Vitamin K und Folsäure. Damit ihre wertvollen Inhaltsstoffe erhalten bleiben, rührt man die Paste erst kurz vor dem Servieren in die warme Brühe, denn Kochen würde die hitzeempfindlichen Nährstoffe ruinieren.

....

Die *Dashi*-Brühe einem Topf bei mittlerer bis hoher Hitze so weit erhitzen, bis sich am Topfrand Bläschen bilden. Die Wakame-Flocken einrühren und etwa 2 Minuten köcheln lassen, bis sie ihre volle Größe entfaltet haben.

Die Suppe vom Herd nehmen und die Misopaste unterrühren, bis sie sich vollständig aufgelöst hat. Dann die Frühlingszwiebeln untermengen.

Die Suppe auf Essschälchen verteilen und heiß genießen.

Japanischer Eintopf mit Miso, Muscheln, Shiitake-Pilzen & Lauch (Nabemono)

Für 4 Personen

1 l *Dashi* (Rezept auf Seite 39)

30 g weiße Misopaste

240 g Winter- oder Daikon-Rettich, in sehr dünne Scheiben geschnitten

240 g Shiitake-Pilze, in dünne Scheiben geschnitten

1 Stange Lauch (nur der weiße und hellgrüne Teil), in dünne Ringe geschnitten

120 g Spinat (von den harten Stängeln befreit), grob gehackt

720 g Venusmuscheln, geputzt und entbartet, nicht einwandfreie Exemplare aussortiert

2 EL schwarze Sesamsamen

Der wunderbar einfache, traditionelle Wintereintopf *Nabemono* aus Japan besteht aus heißer Brühe, Gemüse sowie Meeresfrüchten oder Fleisch. Benannt ist er nach dem »Nabe«, einem gedrungenen, dickwandigen Topf (meist aus Ton oder Gusseisen), den es zu erschwinglichen Preisen in vielen Asialäden gibt. Alternativ können Sie aber auch einen Schmor- oder Suppentopf verwenden. Dieser Eintopf hat bei Tisch einen glamourösen Auftritt: Stellen Sie den Topf auf einen Untersetzer und heben Sie den Deckel hoch, damit der duftende Dampf entweichen kann, den das farbintensive Gemüse und die verlockend geöffneten Muscheln verströmen. Füllen Sie den Eintopf in Essschälchen oder verteilen Sie Essgeschirr, Porzellanlöffel und Essstäbchen auf dem Tisch, sodass sich jeder nach Lust und Laune selbst bedienen kann.

....

Den Backofen auf 135 °C vorheizen.

Die *Dashi*-Brühe in einen Topf gießen, den Deckel auflegen und die Brühe bei mittlerer bis hoher Hitze zum Kochen bringen.

Währenddessen mit einem Kuchenpinsel den Nabe-Topf (oder den Schmortopf) innen dünn und gleichmäßig mit Misopaste bestreichen, als würden Sie eine Leinwand grundieren. Unterteilen Sie den Topf imaginär in vier »Tortenstücke«, in denen jeweils eine bestimmte Zutat untergebracht wird, damit es für Ihre Gäste leichter ist, sich nach Wunsch zu bedienen.

Fortsetzung auf Seite 142

Fortsetzung von Seite 141

Rettich, Pilze, Lauch und Spinat jeweils in ein Viertel des Topfes schichten. Die Muscheln über dem Gemüse verteilen und den Sesam darüberstreuen.

Die heiße *Dashi*-Brühe über Muscheln und Gemüse gießen. Den Deckel des Nabe-Topfes (oder des Schmortopfes) auflegen und den Eintopf für etwa 15 Minuten im Ofen garen, bis sich die Muscheln geöffnet haben.

Den Topf aus dem Ofen nehmen. Muscheln, die sich beim Kochen nicht geöffnet haben, aussortieren und wegwerfen.

Den Eintopf auf Essschälchen verteilen – oder im Topf servieren, sodass sich jeder am Tisch selbst seine Portion zusammenstellen kann.

Kapitel 6

Gemüse

Während Knochen und Fleisch für die Proteine in Brühen und Fonds sorgen, liefern vegetarische Zutaten Vitamine und Mineralstoffe. Gemüse und Kräuter sind von zarter Beschaffenheit und geben ihre Inhaltsstoffe viel leichter frei als Knochen.

Gemüsebrühen können erstaunlich intensive, köstliche Aromen entwickeln. Vitalstoffreiche Brühen aus Seetang, Pilzen, Zwiebeln & Co. eignen sich hervorragend als Basis für leichte Gemüsesuppen, sehr gut aber auch als Zutat für lange köchelnde Knochenbrühen, denn diese verstärken den Eigengeschmack des Gemüses.

Aus Knochenbrühen, deren natürliche Gelatine für einen schönen Glanz sorgt, können Sie üppige, sättigende Gemüsesuppen und Risottos zaubern, oder Sie dünsten Gemüse darin an.

Bieler's Broth

Für 6 Personen

900 g Zucchini, fein gehackt

450 g grüne Bohnen, in
2,5 cm lange Stücke
geschnitten

2 Stangen Staudensellerie,
fein gehackt

1 Bund frische Petersilie, plus
etwas extra zum Garnieren,
gehackt

feines Meersalz

Henry Bieler (1893–1975) war ein berühmter amerikanischer Arzt, der sich für alternative Heilmethoden starkmachte und Lebensmittel als Medizin einsetzte. Eine der Speisen, für die er so engagiert eintrat, war eine Brühe aus püriertem Sommergemüse und Petersilie. Bieler zufolge entgiftet diese Brühe den Körper und sorgt für ein Gleichgewicht in den Nebennieren. Ob sie tatsächlich solcherlei Wirkungen hat, ist umstritten, auf jeden Fall ist sie eine leckere, leichte Sommersuppe, die auch Veganer genießen können. Schmecken Sie sie nach Belieben kräftig mit Salz ab, weil der Eigengeschmack des Gemüses eher zart und mild ist.

....

Alle Zutaten in einen ausreichend großen Topf geben. So viel Wasser angießen, dass es 2,5 Zentimeter hoch über den Zutaten steht, und dann alles bei mittlerer bis hoher Hitze aufköcheln lassen.

Die Hitze etwas reduzieren und alles bei aufgelegtem Deckel in etwa 15 Minuten garen, bis sich das Gemüse mühelos mit einer Gabel zerdrücken lässt.

Die Suppe mit dem Pürierstab (oder portionsweise im Standmixer) pürieren. Mit Salz abschmecken, auf Suppenteller verteilen und mit Petersilie garniert servieren.

Mit Miso glasierter Pak Choi

Für 6 Personen

120 ml *Dashi* (Rezept auf Seite 39)

2 EL weiße Misopaste

1 TL natürlich fermentierte Sojasauce

2 EL geröstetes Sesamöl

1 Stück Ingwer (2,5 cm), in dünne Stifte geschnitten

3 Baby-Pak-Choi, der Länge nach halbiert

2 EL Sesamsamen

Wenn Pak Choi, eine Kohlart mit saftigen, grünen Blättern, erstmals erhältlich ist (normalerweise am Frühlingsanfang, aber häufig auch im Herbst), mache ich ihn gern einfach als Salat an. In diesem Rezept paart er sich jedoch mit anderen subtilen Aromen, die seine süßlichen, leicht pfeffrigen Noten ergänzen, statt mit ihnen zu konkurrieren. Verwenden Sie nach Möglichkeit Baby-Pak-Choi. Er ist zarter als die herkömmliche Variante und sieht besonders hübsch aus.

....

In einem kleinen Topf bei niedriger bis mittlerer Hitze die *Dashi*-Brühe erwärmen. Sobald sie handwarm ist, den Herd abschalten und mit einem Schneebesen die Misopaste sowie die Sojasauce unterrühren, bis sich die Paste vollständig aufgelöst hat.

In einer Pfanne bei mittlerer Hitze das Sesamöl erhitzen. Den Ingwer dazugeben und unter Rühren sanft anbraten, bis er sein süß-scharfes Aroma verströmt. Die Pak-Choi-Hälften mit der Schnittfläche nach unten in die Pfanne legen und etwa 2 Minuten anbraten. Wenden und weitere 2 Minuten braten.

Die *Dashi*-Mischung über das Gemüse gießen, die Hitze etwas reduzieren und die Pfanne mit einem dicht sitzenden Deckel verschließen. Den Pak Choi 6–8 Minuten schmoren, bis er zusammengefallen ist.

Den Pak Choi zusammen mit der Schmorflüssigkeit auf Tellern anrichten und mit Sesam bestreut servieren.

Frühlingsrisotto mit grünem Spargel & Schnittlauchblüten

Für 6 Personen

1 Bund frischer grüner
Spargel, geschält und in
6 mm dünne Scheiben
geschnitten (holzige
Abschnitte und Schalen
beiseitegelegt)

3 Stangen grüner Knoblauch,
weiße und hellgrüne
Teile geschält und fein
gehackt (dunkelgrüne Teile
beiseitegelegt)

720 ml *Brühe aus einem
ganzen Huhn* (Rezept auf
Seite 28)

2 EL kalt gepresstes Olivenöl

120 g Prosciutto, in 2,5 cm
lange und 3 mm dünne
Streifen geschnitten

400 g Carnaroli-Reis (oder
anderer Risottoreis Ihrer
Wahl)

240 ml trockener Weißwein

30 g Parmesan, frisch
gerieben

4 Schnittlauchblüten,
zerpflückt (oder 15 g frischer
Schnittlauch, in Röllchen
geschnitten)

Risotto ist mein Lieblingsgericht, wenn ich mich müde und erschöpft fühle. Er ist recht schnell gemacht, und durch den neutralen Geschmack von Reis und Brühe ist er sehr vielseitig. Ich serviere diesen Risotto im Frühling, wenn in meinem Garten und auf Farmen in der Umgebung frischer Spargel, scharfer grüner Knoblauch und violette Schnittlauchblüten gedeihen. Grünen Knoblauch und Schnittlauchblüten findet man häufig auf Bauernmärkten. Falls Sie keinen grünen Knoblauch finden, nehmen Sie pro Stange eine Knoblauchzehe.

. . . .

Die holzigen Abschnitte und Schalen des Spargels sowie die dunkelgrünen Teile des grünen Knoblauchs in einen Topf geben. Die Brühe angießen und bei mittlerer Hitze erwärmen.

In einem Topf (oder einem Schmortopf) bei mittlerer Hitze das Olivenöl erhitzen. Den Prosciutto und grünen Knoblauch etwa 4 Minuten darin anschwitzen, bis die Mischung aromatisch duftet.

In der Zwischenzeit den Reis in einem feinmaschigen Sieb unter fließendem Wasser spülen, bis das Wasser klar bleibt. Den Reis zur Prosciutto-Knoblauch-Mischung geben und etwa 5 Minuten unter Rühren anschwitzen, bis die Reiskörner durchscheinend glänzen.

Fortsetzung auf Seite 152

Fortsetzung von Seite 150

Die Brühe durch ein feinmaschiges Sieb in einen hitzebeständigen Krug umgießen, den Siebinhalt wegwerfen.

Einen Schöpflöffel Brühe zum Reis gießen und unter ständigem Rühren einköcheln lassen, bis der Reis die Flüssigkeit aufgesogen hat. Schöpflöffelweise so weiterverfahren, bis die gesamte Brühe verbraucht und der Reis fast gar, aber noch deutlich bissfest ist (dauert insgesamt 10–15 Minuten).

Den Spargel unter den Reis rühren, dann den Wein angießen und unter Rühren einköcheln lassen, bis die Körner alle Flüssigkeit aufgesogen haben. Weitere 10 Minuten rühren, bis der Reis vollständig durchgegart ist.

Zuletzt den Parmesan einrühren. Sobald er geschmolzen und komplett mit dem Reis vermischt ist, die zerpflückten Schnittlauchblüten über den Risotto streuen. Noch einmal umrühren und das Gericht heiß servieren.

Röstzwiebel-Suppe mit frittierten Lauchringen

Für 6 Personen

Für die Suppe

2 Gemüsezwiebeln, geschält, halbiert und in dünne Ringe geschnitten (die Schalen beiseitegelegt)

3 Schalotten, geschält, halbiert und in dünne Scheiben geschnitten (die Schalen beiseitegelegt)

4 Knoblauchknollen, in geschälte Zehen geteilt (die Schalen beiseitegelegt)

2 EL Butter, geschmolzen

1 l *Brühe aus Hühner-knochen* (Rezept auf Seite 32)

6 Zweige frischer Thymian

Für die Einlage

1 Stange Lauch, weißer und hellgrüner Teil in dünne Ringe geschnitten (den dunkelgrünen Teil beiseitegelegt)

60 ml Schweineschmalz (oder Olivenöl)

feines Meersalz

Die Lauch-Familie mit ihren süß-pikanten Aromen ist mein Lieblingsgemüse. Ich liebe ihre Schärfe im rohen Zustand und ihre komplexe Süße, wenn sie erhitzt wird. Diese Suppe bereite ich gern an den ersten Frühlingstagen zu, wenn die kühle, feuchte Luft Appetit auf etwas Wärmendes und Stärkendes macht. Ich kombiniere die letzten Zwiebeln, Schalotten und Knoblauchknollen des Winters mit den ersten zarten Lauchstangen des Frühjahrs.

....

Den Backofen auf 200 °C vorheizen.

Für die Suppe zunächst auf einem mit Backpapier ausgelegten Backblech die Zwiebeln, Schalotten und Knoblauchzehen in einer Schicht ausbreiten. Die zerlassene Butter darüberträufeln und das Ganze 25 Minuten im Ofen backen (dabei das Gemüse einmal wenden, damit alles gleichmäßig gart).

In der Zwischenzeit die beiseitegelegten Gemüseschalen und -abschnitte in einen Suppentopf geben. Die Brühe angießen, den Thymian hinzufügen und den Deckel auflegen. Bei mittlerer Hitze aufkochen und dann etwa 20 Minuten köcheln lassen, bis die Brühe aromatisch duftet. Die Brühe durch ein feinmaschiges Sieb in einen hitzebeständigen Krug umgießen, den Siebinhalt wegwerfen.

Das Backblech aus dem Ofen nehmen und das geröstete Gemüse in den Topf geben. Die gefilterte Brühe zurück in den Topf gießen, bei mittlerer Hitze aufköcheln und zugedeckt 20 Minuten sieden lassen (abschmecken, ob sich die Aromen gut vermischt haben).

Fortsetzung auf Seite 154

Fortsetzung von Seite 153

Für die Suppeneinlage zunächst einen Teller mit Küchenkrepp auslegen.

Während die Suppe köchelt, das Schmalz (oder Olivenöl) bei mittlerer bis hoher Hitze in einer Pfanne erhitzen, bis es glänzt.

Die Lauchringe portionsweise in jeweils 8 Minuten goldbraun und knusprig im heißen Fett frittieren – Vorsicht, es könnte spritzen!

Den frittierten Lauch mit einer Schaumkelle auf den mit Küchenkrepp ausgelegten Teller legen und abtropfen lassen.

Zum Anrichten die Herdplatte ausschalten und die Suppe mit dem Pürierstab (oder portionsweise im Standmixer) gleichmäßig cremig pürieren. Die Suppe mit Meersalz abschmecken, auf Suppenschälchen verteilen und kurz vor dem Servieren mit dem frittierten Lauch garnieren.

Frische Erbsensuppe mit Frühlingskräutern

Für 6 Personen

1,5 kg Gartenerbsen, gepalt (oder 600 g tiefgekühlte Erbsen)

3 EL Butter

1 Stange Lauch, der weiße und hellgrüne Teil in dünne Ringe geschnitten

½ TL feines Meersalz

1 l *Grüne Brühe* (Rezept auf Seite 43)

15 g frische Petersilie, gehackt

15 g frische Minze, gehackt, plus etwas extra zum Garnieren

15 g Schnittlauch, in Röllchen geschnitten

225 g Crème double

Im Mai, wenn das junge Grün mit Saft und Kraft aus der Erde sprießt, ist unsere Gemüsekiste, die wir wöchentlich von einem Hof in der Nähe bekommen, gut gefüllt mit prallen Erbsenschoten, die darauf warten, gepalt zu werden. Praktischerweise liebt mein Sohn diese aufwendige Aufgabe. Er mag es, die Schoten sanft mit Daumen und Zeigefinger zu drücken, bis sie sich an der Naht öffnet, dann schnippt er die Erbsen in eine Schüssel. Die Erbsenzeit dauert nur ein paar Wochen, danach wird es für sie zu warm. Aber zum Glück gibt es zeitgleich bereits die ersten frischen Kräuter auf dem Markt, sodass man Minze, Schnittlauch, Petersilie und Erbsen in dieser perfekten Kombination genießen kann.

....

Die Erbsen in eine große Schüssel geben und alle matschigen oder gelblichen Exemplare aussortieren (tiefgekühlte Erbsen einfach auftauen lassen).

Die Butter in einem Suppentopf bei niedriger bis mittlerer Hitze zerlassen. Die Hitze etwas reduzieren, die Lauchringe hineingeben und mit Meersalz bestreuen. Bei aufgelegtem Deckel in etwa 10 Minuten dünsten, bis der Lauch weich ist.

Die Erbsen dazugeben und die Brühe angießen. Den Deckel erneut auflegen und die Erbsen garen, bis sie weich und leuchtend grün, aber nicht matschig sind (bei frischen Erbsen dauert das etwa 20 Minuten, TK-Erbsen, die schon vorgegart sind, müssen nur 5–8 Minuten mitgaren, bis sie durchgewärmt sind).

Den Herd abschalten und die Kräuter unterrühren. Die Suppe mit einem Pürierstab (oder portionsweise im Standmixer) glatt pürieren.

Die Crème double unterrühren, die Suppe gegebenenfalls nochmals mit Salz abschmecken, auf Suppenteller verteilen und mit gehackter Minze garniert servieren.

Gebratene Pilze mit Roggenrisotto

Für 4 Personen

400 g Roggenkörner,
gewaschen und verlesen

1 EL Apfelessig

450 g Waldpilze, die Kappen
in 3 mm dünne Scheiben
geschnitten (die Stiele
beiseitegelegt)

1 l *Brühe aus gerösteten
Pilzen* (Rezept auf Seite 44)

2 EL Butter

2 Schalotten, geschält und in
dünne Ringe geschnitten

3 Stangen Staudensellerie, in
dünne Scheiben geschnitten

feines Meersalz

1 EL frische Thymian-
blättchen

Im Frühherbst gehe ich mit meinem Sohn in den Wald zum Pilze-
sammeln. Im Lauf der Jahre hat er ein gutes Auge für die golden
schimmernden Pfifferlinge entwickelt, die aus den Kiefernnadeln
am Boden blitzen. Ich mag am liebsten die robusten Steinpilze
mit zimtfarbenem Hut, aber eigentlich freuen wir uns über alle
essbaren Pilze, die wir finden. Durch das Anrösten bekommen
Pilze ein intensives Aroma, das hervorragend zu Vollkorngetreide
und insbesondere zu Roggen passt. Dieses Gericht schmeckt solo
wunderbar, kann aber auch sehr gut zu Truthahn- oder Rinderbraten
serviert werden. Für das Rezept eignen sich alle Pize, ob wild oder
gezüchtet, das beste Resultat erzielen Sie mit einer Mischung.

....

Am Vortag die Roggenkörner in eine Schüssel geben und so viel
warmes Wasser angießen, dass es 5 Zentimeter hoch über dem Roggen
steht. Den Apfelessig unterrühren und die Körner 12–24 Stunden
einweichen. Dann durch ein feinmaschiges Sieb abgießen, gründlich
spülen und zurück in die Schüssel geben.

Die beiseitegelegten Pilzstiele in einen Suppentopf geben, die Brühe
angießen und bei mittlerer Hitze etwa 10 Minuten sieden lassen, bis
die Brühe intensiv duftet.

Währenddessen in einem breiten Topf bei mittlerer bis hoher Hitze
die Butter zerlassen. Sobald sie zu schäumen beginnt, Schalotten sowie
Sellerie unterrühren und anschwitzen, bis sie duften und durchsichtig
schimmern. Die Pilzkappen unterrühren und weitere 5 Minuten mitschmoren. Dann die Roggenkörner einrühren und alles nochmals
4 Minuten schmoren.

Die Brühe durch ein Sieb in einen hitzebeständigen Krug abgießen,
den Siebinhalt wegwerfen. Die Brühe nach und nach (jeweils etwa
120 Milliliter) unter die Roggenmischung rühren, bis die Körner die
Flüssigkeit aufgesogen haben und die Roggenkörner weich sind.

Das Gericht mit Salz abschmecken und mit Thymian bestreut servieren.

Suppe von gebackener Roter Bete mit Sahnemeerrettich

Für 6 Personen

900 g Rote Beten, sorgfältig abgewaschen

1,5 l *Lange köchelnde Brühe aus gerösteten Rinderknochen* (Rezept auf Seite 34)

1 TL ganze weiße Pfefferkörner

1 Lorbeerblatt

2 EL Butter

2 Schalotten, geschält und fein gehackt

1 Stange Staudensellerie, fein gehackt

feines Meersalz

frisch gemahlener schwarzer Pfeffer

2 EL frische Meerrettichwurzel, geschält und fein gerieben

110 g saure Sahne

2 EL frischer Dill, gehackt

Mit seiner intensiven Schärfe sorgt Meerrettich in dieser gesunden Suppe für einen schönen Kontrast zum süßlichen Aroma der gebackenen Roten Beten. Trotz der Rinderbrühe, dem herzhaften Wurzelgemüse und der sauren Sahne ist dies eine leichte Suppe, die gut zu geröstetem Sauerteigbrot mit Hühnerleberpastete schmeckt.

....

Den Backofen auf 200 °C vorheizen.

Die Roten Beten in Pergamentpapier wickeln und auf einem mit Backpapier ausgelegten Backblech im Ofen etwa 45 Minuten garen, bis sie so weich sind, dass man sie mühelos mit einem Messer einstechen kann.

Währenddessen die Brühe zusammen mit den Pfefferkörnern und dem Lorbeerblatt bei niedriger bis mittlerer Hitze in einem Suppentopf etwa 10 Minuten erwärmen, bis sie aromatisch duftet.

Die Roten Beten aus dem Ofen nehmen und auf Handwärme abkühlen lassen. Ihre Häute abziehen und die Beten in 1,25 Zentimeter große Stücke schneiden.

Die Brühe durch ein feinmaschiges Sieb in einen hitzebeständigen Krug umgießen, den Siebinhalt entsorgen. Den Suppentopf mit Küchenpapier auswischen.

Die Butter bei mittlerer bis hoher Hitze im gereinigten Topf zerlassen. Schalotten und Sellerie etwa 8 Minuten darin anschwitzen, bis sie duften und weich sind.

Die gefilterte Gewürzbrühe angießen, die Beten einrühren und etwa 10 Minuten sieden lassen, bis die Roten Beten aufgewärmt sind und die Suppe tiefrot gefärbt haben. Mit Salz und Pfeffer abschmecken.

Den Meerrettich in einer kleinen Schüssel mit der sauren Sahne vermischen. Die Suppe auf tiefe Teller verteilen, mit jeweils einem Klecks Sahnemeerrettich krönen und mit Dill garniert servieren.

Irische Wurzelgemüsesuppe

Für etwa 6 Personen

3 Karotten, geschält und in 1,25 cm große Stücke geschnitten

2 Pastinaken, geschält und in 1,25 cm große Stücke geschnitten

1 Knolle Sellerie, geschält und in 1,25 cm große Stücke geschnitten

2 Kartoffeln, geschält und in 1,25 cm große Stücke geschnitten

3 EL Butter

1 Stange Lauch (nur der weiße und hellgrüne Teil), in dünne Ringe geschnitten

1 TL frische Thymian-blättchen, plus ein paar extra zum Garnieren

½ TL feines Meersalz

1 l *Lange köchelnde Brühe aus gerösteten Schweineknochen* (Rezept auf Seite 36)

225 g Crème double

Crème fraîche, zum Servieren (optional)

In Irland war ich zum ersten Mal mit 19 Jahren. Da mein Taschengeld knapp war, ernährte ich mich damals hauptsächlich von preiswerter, süßlich-erdiger pürierter Wurzelgemüsesuppe. Dieses Gericht wurde so gut wie überall serviert, dazu gab es dick mit Butter bestrichenes Sodabrot. Wenn Sie keine Pastinaken bekommen, können Sie auch Steckrüben verwenden – ein weiteres in Irland sehr beliebtes Wurzelgemüse.

....

Karotten, Pastinaken, Knollensellerie sowie Kartoffeln in eine große Schüssel geben und beiseitestellen.

Die Butter in einem Suppentopf bei mittlerer Hitze zerlassen. Sobald sie zu schäumen beginnt, den Lauch hineingeben und ihn mit Thymian und Salz bestreuen. Einen dicht schließenden Deckel auflegen und den Lauch in etwa 10 Minuten weich dünsten.

Das vorbereitete Wurzelgemüse unterrühren und alles mit der Brühe aufgießen. Den Deckel wieder auflegen und die Hitze etwas reduzieren. Das Gemüse etwa 30 Minuten garen, bis es mit der Gabel zerdrückt werden kann.

Den Herd abschalten. Die Suppe mit dem Pürierstab (oder portionsweise im Standmixer) glatt pürieren und dann die Crème double unterrühren.

Die Suppe auf tiefe Teller verteilen und heiß servieren. Nach Belieben mit einem Klecks Crème fraîche und frischem Thymian garnieren.

Karotten-Lauch-Suppe mit Thymian

Für 6 Personen

1 EL Butter

1 Stange Lauch (nur der weiße und hellgrüne Teil), in dünne Ringe geschnitten

1 TL feines Meersalz, plus etwas extra zum Abschmecken

450 g Karotten, geschält und in 6 mm dicke Scheiben geschnitten

2 TL frische Thymianblättchen, plus ein paar extra zum Garnieren

1 l *Algenbrühe* (Rezept auf Seite 47)

225 g Crème fraîche

Nicht weit von unserem Haus entfernt gibt es eine Farm, die für ihre unglaublich großen, saftigen und zuckersüßen Karotten bekannt ist. Da die Süße von Karotten leicht andere Zutaten überdeckt, muss man sie mit anderen prägnanten, aber komplementären Aromen ausgleichen. Ich bevorzuge aufgrund seiner scharfen Kräuternote frischen Thymian, der dieser Karottensuppe eine pikante Komponente verleiht. Crème fraîche peppt, am Schluss eingerührt, fast alle Suppen auf. Sie sorgt für Sämigkeit und rundet mit ihrem leicht säuerlichen Aroma dieses Gericht elegant ab.

....

Die Butter in einem Suppentopf bei mittlerer bis hoher Hitze zerlassen. Den Lauch dazugeben, mit Salz bestreuen und bei aufgelegtem Deckel etwa 8 Minuten garen, bis er weich ist.

Die Karottenscheiben sowie den Thymian zum Lauch geben, die Brühe angießen und alles bei aufgelegtem Deckel in etwa 25 Minuten garen, bis sich die Karotten mühelos mit einer Gabel zerteilen lassen.

Die Suppe mit dem Pürierstab (oder portionsweise im Standmixer) pürieren. Nach Belieben nochmals mit Salz abschmecken.

Die Crème fraîche unterrühren und die Suppe auf tiefe Teller verteilen. Mit ein paar Thymianblättchen garnieren und heiß servieren.

Suppe von gerösteten Tomaten & Fenchel

Für 6 Personen

900 g Roma-Tomaten (oder Striped-Roman-Tomaten), geschält und der Länge nach halbiert

1 Gemüsezwiebel, geschält, halbiert und in dünne Ringe geschnitten

1 Knolle Fenchel (vom Strunk befreit), geviertelt und in 1,25 cm große Stücke geschnitten (das Grün zum Garnieren grob gehackt)

1 EL Olivenöl

1 l *Lange köchelnde Brühe aus gerösteten Schweineknochen* (Rezept auf Seite 36)

feines Meersalz

saure Sahne (oder Crème fraîche), zum Garnieren

Tomaten und Fenchel kann man nur wenige Wochen im Jahr gleichzeitig ernten. Fenchel bevorzugt die kühleren Temperaturen im Frühsommer, während Tomaten erst im Spätsommer so richtig loslegen. Zusammen ergeben sie diese leckere orangerote Suppe – mit dem wunderbaren säuerlichen Aroma der Tomaten im Vordergrund und der subtilen, flüchtigen, anisähnlichen Süße des Fenchels als Kopfnote. Fleischige Tomaten wie Roma sorgen für eine hübsche dicke Konsistenz. Falls erhältlich, eignen sich auch »Striped-Roman-Tomaten«, eine schöne, längliche Kulturvariante mit leuchtend orangeroter Farbe und gelben Streifen.

…………

Den Backofen auf 220 °C vorheizen.

Die Tomatenhälften mit der Schnittfläche nach oben auf ein mit Backpapier ausgelegtes Backblech legen. Die Zwiebelringe und Fenchelstücke darüber verteilen und mit Olivenöl beträufeln. Das Gemüse 20 Minuten im Ofen rösten (dabei einmal umrühren, damit alles gleichmäßig gart).

Das geröstete Gemüse in einen Suppentopf füllen und mit der Brühe aufgießen. Bei aufgelegtem Deckel bei mittlerer bis hoher Hitze etwa 20 Minuten köcheln, bis sich die Aromen gut verbunden haben.

Die Suppe mit dem Pürierstab (oder der Flotten Lotte) pürieren und mit Salz abschmecken.

Auf Suppenteller verteilen, mit jeweils einem Klecks saurer Sahne (oder Crème fraîche) krönen und mit etwas gehacktem Fenchelgrün garniert servieren.

Gebackene Zwiebeln mit frischem Rosmarin

Für 6 Personen

60 ml *Lange köchelnde Brühe aus gerösteten Rinderknochen* (Rezept auf Seite 34)

6 Gemüsezwiebeln inklusive Schale (die oberen und unteren Enden abgeschnitten)

60 g Rindertalg (abgeschöpft von der *Lange köchelnden Brühe aus gerösteten Rinderknochen*, Rezept auf Seite 34)

2 TL grob gemahlenes Meersalz

1 TL grob gemahlener schwarzer Pfeffer

3 Zweige frischer Rosmarin

Im Dezember, bevor unsere »Community Supported Agriculture« den Winter über schließt, hole ich mir dort noch eine letzte Kiste mit frischem Gemüse. Normalerweise bestelle ich auch ein paar Kisten mit Wurzelgemüse, Winterkürbis, Knoblauch und Zwiebeln zusätzlich, damit wir gut durch die dunklen Tage kommen, bis der Frühling wieder all seine Vielfalt in unsere Küche bringt. Eines der vielen Gerichte, die wir aus unserer letzten Beute zaubern, sind gebratene Zwiebeln. Durch das Anbraten werden die Zwiebeln milder, süßlich und herrlich zart. Der frische Rosmarin mit seinem strahlenden Kräuteraroma sorgt für einen pikanten Touch. Ich serviere diese Zwiebeln zu Rinderbraten oder gebratener Lammhachse.

. . . .

Den Backofen auf 200 °C vorheizen.

Die Brühe in einem kleinen Topf bei niedriger Hitze erwärmen, bis alle Fettaugen geschmolzen sind.

Die ungeschälten Zwiebeln mit der einen Schnittfläche nach unten in eine Auflaufform setzen und jeweils etwa 2 TL Talg daraufgeben. Die Zwiebeln salzen und pfeffern. Die Rosmarinnadeln von den Zweigen zupfen und gleichmäßig auf den Zwiebeln verteilen. Die warme Brühe rund um die Zwiebeln in die Auflaufform gießen.

Die Zwiebeln im Ofen in etwa 40 Minuten backen, bis sie weich sind. Dann aus dem Ofen nehmen und etwas abkühlen lassen.

Behutsam die Schalen entfernen und die Zwiebeln heiß servieren.

Kartoffel-Zwiebel-Gratin

Für 6 Personen

2 EL Butter, zum Einfetten
der Form

900 g mehligkochende
Kartoffeln, geschält und
in 3 mm dünne Scheiben
geschnitten

2 Gemüsezwiebeln, geschält,
halbiert und in 3 mm dünne
Scheiben geschnitten

2 EL frische
Thymianblättchen

240 ml *Lange köchelnde
Brühe aus gerösteten
Rinderknochen* (Rezept
auf Seite 34)

225 g Crème double

1 TL feines Meersalz

60 g Gruyère-Käse

Zwiebeln werden unter Hitzeeinwirkung wunderbar mild und süß,
ihre dominante Schärfe verschwindet nach und nach. In diesem
Gratin backen sie zusammen mit Kartoffeln in Crème double und
Brühe, gewürzt mit Salz und frischem Thymian, bis sie unglaublich
zart sind. Es ist zwar etwas aufwendig, Kartoffeln und Zwiebeln so
dünn aufzuschneiden, aber die Mühe lohnt sich, und ich mache
dieses Gratin sowieso nur, wenn wir Gäste haben. Gleichmäßig
dünne Scheiben sind absolut wichtig, damit alles zeitgleich
durchgebacken ist. Sie können das Gemüse per Hand schneiden,
mit einem Hobel können Sie aber einfacher gleichmäßige Scheiben
herstellen.

. . . .

Eine Auflaufform (mit 2 Liter Fassungsvermögen) mit Butter einfetten.

Den Backofen auf 190 °C vorheizen.

Die Hälfte der Kartoffelscheiben in einer Schicht überlappend in der
Auflaufform auslegen. Die Zwiebelscheiben ebenfalls überlappend
in einer Schicht darüber verteilen. Die Hälfte der Thymianblättchen
darüberstreuen. Darüber die restlichen Kartoffelscheiben überlappend in einer Schicht auslegen.

Brühe und Crème double in einer Rührschüssel mit dem Salz verquirlen. Die Mischung über die Kartoffeln und Zwiebeln gießen und
die restlichen Thymianblättchen darüberstreuen.

Den Käse mit einer feinen Reibe gleichmäßig über die Kartoffeln
reiben.

Das Gratin im Ofen backen, bis fast alle Flüssigkeit einreduziert ist und
die Kartoffeln sich mühelos mit einer Gabel einstechen lassen (dauert
etwa 1 Stunde).

Aus dem Ofen nehmen, etwa 5 Minuten abkühlen lassen und direkt
aus der Form servieren.

Einkaufstipps

Auf Bauernmärkten oder in Hofläden in Ihrer Nähe finden Sie Knochen und Fleisch aus regionaler Landwirtschaft für die Brühezubereitung, ebenso die Zutaten für die Suppen, Eintöpfe und anderen Gerichte in diesem Buch.
....

Fleisch

Regionaler Einkaufsführer
www.oekolandbau.de

Hier finden Sie nützliche Adressen für den regionalen Einkauf von Fleisch von grasgefütterten Weiderindern sowie von Schweinen und Geflügel aus Freilandhaltung.

Neuland
www.neuland-fleisch.de

Der Verein setzt sich für Qualitätsfleisch aus besonders artgerechter und umweltschonender Tierhaltung ein.

Kauf ne Kuh
www.kaufnekuh.de

Zurückverfolgbares Rindfleisch von verantwortungsvollen Bauern, bei denen sich die Kunden ihren Teil des Schlachttieres selbst auswählen können.

Fische & Meeresfrüchte

Fischereiverbände
www.fischerei-oberbayern.de

Auf den Webseiten zahlreicher Fischereiverbände finden Sie Adressen für den Einkauf von heimischen Fischen in Ihrer Nähe.

deutschesee Fischmanufaktur
www.deutschesee.de

Hier bekommen Sie verantwortungsvoll gefangenen Fisch frisch aus dem Netz.

Einkaufsratgeber Fische und Meeresfrüchte
www.wwf.de

Die Webseite des WWF liefert nützliche Tipps zum umweltbewussten Einkauf von Fisch und Meeresfrüchten mit den Siegeln von MSC, ASC oder Bio-Verbänden.

Gesunde Öle & Fette

100 ProBio
www.100-pro-bio.de

Hier findet man Ghee aus Milch von grasgefütterten Weiderindern, kalt gepresstes Bio-Sesamöl und vieles mehr.

Bio-Bauernhof La Vialla
www.lavialla.it

Das Olivenöl vom »größten Bio-Bauernhof der Toskana« wird direkt zu Ihnen nach Hause geliefert.

Querfood
www.querfood.de

Hier kann man online kalt gepresstes Bio-Olivenöl und andere Bio-Produkte bestellen.

Fatworks Foods
www.fatworks.com

Fatworks stellt Rindertalg aus grasgefütterten Weiderindern her, Entenschmalz von Enten aus Freilandhaltung und vieles mehr.

Fertigbrühen

The Brothery
www.bonebroth.com

Hersteller guter Brühen, die aus Rinder- oder Hühnerknochen sowie aromatischem Gemüse, Ingwer, Zitronen und Kräutern zubereitet werden.

Wise Choice Market
www.wisechoicemarket.com

Anbieter für mit aromatischem Gemüse und frischen Kräutern gekochte Hühner- und Rinderbrühen, außerdem für Fischfond.

Literaturverzeichnis

Allen, Ann. *The Housekeepers' Assistant*. J. Munroe, 1845.

Beecher, Esther. *Miss Beecher's Domestic Receipt Book*. Harper, 1850.

Beull Hale, Sarah. *The Good Housekeeper*. Weeks, Jordan and Company, 1839.

Croly, Jane. *Jennie June's Book of American Cookery*. The American News Co., 1870.

The First Presbyterian Church Cookbook. Oliver Crook, 1873.

Molokhovets, Elena. *Classic Russian Cooking: A Gift to Young Housewives*. Ins Englische übersetzt von Joyce Toomre. Indiana University Press, 1998.

Newton Foote Henderson, Mary. *Practical Cooking and Dinner Giving*. Harper & Brothers, 1877.

Price, Weston, DDS. *Nutrition and Physical Degeneration*. 8. Auflage. Price Pottenger Nutrition, 2009.

Dank

Großer Dank gilt meinem Mann und meinem Sohn, die über drei Monate lang klaglos lange Nächte, Brühen-Marathons und Probeessen mit Suppen, Fonds und Eintöpfen auf sich genommen haben. Ich liebe euch beide so sehr! Sally Ekus danke ich für ihre Unterstützung. Danke an das Team bei Ten Speed Press für seine unerschütterliche Geduld und das große Verständnis. Und danke den vielen treuen Lesern vom *Nourished-Kitchen*-Blog für die jahrelange Unterstützung.

Register

Titel der Originalausgabe: *BROTH & STOCK FROM THE NOURISHED KITCHEN: Wholesome Master Recipes & Meals to Make with Them*

Erschienen bei Ten Speed Press, ein Imprint von Crown Publishing Group, ein Unternehmen von Penguin Randomhouse LLC, New York, Berkeley 2016
www.crownpublishing.com
www.tenspeed.com
Text und Fotografie Copyright © 2016 Jennifer McGruther

Deutsche Erstausgabe
Copyright © 2016 von dem Knesebeck GmbH & Co. Verlag KG, München
Ein Unternehmen der La Martinière Groupe
Umschlagadaption: Leonore Höfer, Knesebeck Verlag
Lektorat, Satz und Herstellung: VerlagsService
Dietmar Schmitz GmbH, Heimstetten
Printed in EU

ISBN 978-3-95728-016-9

www.knesebeck-verlag.de